JN494185

<그리스도인이면 꼭 알아야 할 성경 지식>

누가복음

제4권 유월절 어린양과 새 언약(19-24장)

서울솔로몬학교 성경연수원

차 례

이 책에 인용된 성경 구절은 〈한글킹제임스성경〉입니다.

제1과
열 므나의 비유(19장)

『그러므로 주께서 말씀하시기를 "어떤 귀인이 왕국을 받아서 돌아오려고 먼 나라에 가게 되었더라. 그리하여 자기의 종 열 명을 불러 그들에게 열 므나를 주며 말하기를 '내가 올 때까지 장사하라.'고 하였더니』(19:12,13).

삭개오의 회심

『예수께서 여리코로 들어가서 그곳을 지나가시더라. 보라, 삭개오라 하는 사람이 있었는데, 그는 세리장이요, 또 부자더라. 그는 예수가 누군지 보고자 하였으나 무리 때문에 어찌할 수 없었으니, 이는 그가 키가 작기 때문이더라. 그러므로 그가 앞으로 달려가서 주를 보려고 뽕나무에 올라가니, 이는 주께서 그 길로 지나시게 됨이더라. 예수께서 그곳에 이르시자 그를 쳐다보시고 그에게 말씀하시기를 "삭개오야, 속히 내려오너라. 오늘은 내가 너의 집에서 묵으리라."고 하시니 그가 서둘러 내려와서 기쁨으로 주를 영접하더라』(1-6절).

삭개오의 회심 이야기(눅 19:1-10)는 신약의 구원을 묘사해 주는 내용이다. 삭개오는 초림 당시 멸시받는 세리였다. 세리들은 자국을 점령한 외국 군대에 협력했을 뿐 아니라 실제로 정해진 것보다 더 많은 세금들을 거둬서 초과된 금액을 착복했기에 유대인들의 경멸을 받았다. 즉 "합법적인 강탈"로 동료 유대인들을 착취하여 부유해졌던 것이다.

삭개오는 키가 작은 사람이었기에 군중 너머로 볼 수가 없었다(3절). 그래서 뽕나무 위로 올라가 주님을 보려고 했는데, 예수님께서 그 나무 아래로 지나가시면서 삭개오를 쳐다보셨다. 주님께서는 요한복음 1:48에서 나다나엘이 『**무화과나무 아래**』 있었다는 것을 아셨던 것처럼 삭개오가 뽕나무 위에 있었다는 것을 알고 계셨다. 주님께서는 삭개오에게 『**삭개오야, 속히 내려오너라. 오늘은 내가 너의 집에서 묵으리라.**』(5절)라고 하셨다. 주님께서 말씀하신 『**삭개오야, 속히 내려오너라.**』라는 말씀은 구원에 관한 위대한 진리를 보여 준다. 즉 죄인들은 주님께로 "속히" 오는 것이 좋다. 구원을 받기에 가장 좋은 시기는 열두 살이 되기 전이며, 늦어도 스무 살까지가 좋다. 스무 살이 지나면 예수 그리스도를 믿을 수 있는 기회가 점점 적어지고, 죄인 자신만의 삶의 방식이 굳어져서 주님을 영접하려고 하지 않는다. 그러나 주님을 구주로 영접하면 주님께서는 그와 머물며 식사를 하실 것이다(계 3:20). 『**오늘은 내가 너의 집에서 묵으리라**』(5절). 죄인이 예수 그리스도를 영접하면, 주님께서는 성령님을 통해 그의 몸 안에 들어와 사신다(골 1:27, 롬 8:9,10).

『**그가 서둘러 내려와서 기쁨으로 주를 영접하더라**』(6절). 삭개오의 반응에서 우리는 『**그러나 누구든지 그를 영접한 사람들에게는 하나님의 아들들이 되는 권세를 주셨으니, 즉 그의 이름을 믿는 사람들에게니라.**』(요 1:12)라는 말씀을 떠올리게 된다. 주님의 말씀에 대한 삭개오의 반응을 보면, 예수님을 향한 삭개오의 관심이 진심이었음을 알 수가 있다. 삭개오는 예수님이 너무나 보고 싶었고, 너무나 만나고 싶었다. 속히 내려오라고 하시니, 서둘러 내려와서 기쁨으로 주님을 영접했다. 이런 모습에서 우리는 무엇을 배울 수 있는가?

첫째, 주님께서 속히 내려오라 하시니 삭개오는 서둘러 내려왔다. 우리는 예수님의 말씀에 "즉시" 반응해야 한다. 우리의 순종은 즉각적인 순종이어야 한다. 자기 생각대로 자기가 하고 싶은 일을 다 해 놓은 뒤 느릿느릿 간신히 간신히 순종하는 것은 순종이 아니다. 그러나 순종하는 마음은 하루아침에 온전해지는 것이 아니다. 순종은 그것을 배워 가면서 온전해진다. 예수님께서 바로 그 본을 보이셨다. 『**그가 아들이면서도 고난받은 일들로 순종을 배워서 온전하게 되심으로 자기에게 순종하는 모든 사람에게 영원한 구원의 근원이 되셨고 하나님께는 멜키세덱의 계열에 따른 대제사장으로 칭함을 받았느니라**』(히 5:8-10). 예수님께서는 유대인들이 반대하고 박해하는 환경 속에서 아버지의 뜻을 실행하는 순종을 보이셨다. 사람들의 반대에 부딪히면 마음 어딘가가 콱 막히는 기분이 드는데, 그럴 때에도 하나님의 뜻에 순종할 수 있느냐가 문제이다. 우리는 그와 같은 순종을 배워 나가야 한다.

둘째, 삭개오는 주님을 "기쁨으로" 자기 집에 영접했다. 삭개오는 주님을 자기 집에 모시는 일을 너무나 기뻐했다. 성도는 예수 그리스도를 자신 안에 모시고 사는 것을 기뻐해야 한다. **『너희가 그를 보지 못하였으나 사랑하며, 지금도 그를 보지 못하나 믿고 있으며, 또 말할 수 없이 영광으로 가득 찬 기쁨으로 즐거워하나니 이는 너희 믿음의 결과, 곧 너희 혼들의 구원을 받음이니라』** (벧전 1:8,9).

『무리가 그것을 보고 모두 수군거리며 말하기를 "그가 죄인과 더불어 손님이 되어 들어갔도다."라고 하더라. 그때 삭개오가 서서 주께 말씀드리기를 "보소서, 주여, 내 소유의 절반을 가난한 사람들에게 나누어 주겠나이다. 그리고 내가 누구에게 부정한 방법으로 착취한 것이 있으면 네 배로 갚아 주겠나이다."라고 하니 예수께서 그에게 말씀하시기를 "오늘 구원이 이 집에 이르렀으니, 그도 아브라함의 아들이기 때문이라. 인자가 온 것은 잃어버린 자를 찾고 또 구원하려는 것이라."고 하시더라』 (7-10절).

예수님께서 삭개오의 집으로 가시니 모든 무리가 수군거렸다. "쯧쯧, 죄인과 더불어 손님이 되어 들어갔군. 그렇게 만날 사람이 없나!" 주변에 있던 무리는 삭개오라는 "죄인"의 손님이 되신 예수님을 비난했다. 하지만 그들처럼 회개하지 않는 천 명의 죄인들보다 삭개오처럼 회개하는 한 명의 죄인이 더 낫다는 사실을 알아야 한다.

삭개오는 무리가 수군거릴 때 걸음을 멈추고 보란 듯이 서서 주님께 말씀드렸다. **『보소서, 주여, 내 소유의 절반을 가난한 사람들에게 나누어 주겠나이다. 그리고 내가 누구에게 부정한 방법으로 착취한 것이 있으면 네 배로 갚아 주겠**

나이다』(8절). 삭개오는 그를 비웃는 유대인들 앞에서 자기 소유의 절반을 가난한 사람들에게 나눠 주겠으며, 그동안 세리장으로 있으면서 백성들에게 불법으로 착취해 간 돈이 많은데 그것을 네 배로 갚아 주겠다고 했다. 삭개오는 회개에 합당한 열매를 이렇게 맺은 것이다. 예수님께서는 그런 삭개오를 가리켜 "아브라함의 아들"이라고 하셨다. 『**오늘 구원이 이 집에 이르렀으니, 그도 아브라함의 아들이기 때문이라**』(9절). **아브라함의 아들이란 아브라함이 행한 것처럼 하는 사람을 일컫는 말이다**. 주님께서는 『**너희가 아브라함의 자손이었다면 아브라함의 일을 행하였으리라.**』(요 8:39)라고 하셨다. 아브라함은 "순종"의 대명사다. 아브라함은 하나님께서 원하시는 것은 무엇이든 했다. 칼데아 우르를 떠나라니 어디로 가는지도 모르면서 집을 떠났다. 독자 이삭을 번제로 바치라고 하시니 정말로 이삭을 죽여서 불태워 바치려고 했다. 회개에 합당한 열매를 맺은 삭개오를 아브라함의 아들이라고 부르신 것은, 아브라함을 조상으로 둔 사람이라면 하나님께서 기뻐하시는 일을 해야 한다는 뜻이다.

삭개오는 주변 유대인들의 수군거림에 전혀 개의치 않았다. 믿음에 있어서 주변 사람들이 어떻게 생각하느냐는 전혀 중요하지 않다. 나 자신이 예수 그리스도를 믿고 따르는가, 나 자신이 구원받았는가가 중요할 뿐이다. 삭개오는 자기가 죄인임을 솔직히 인정하고 이제부터는 의롭게 살겠다고 예수님께 공개적으로 고백했다. 종교개혁가 마틴 루터는 "**다시는 죄를 되풀이하지 않는 것이 진정한 회개이다**."라고 했다. 이전에 잘못했던 것을 다시는 되풀이하지 않는 것이 진짜 회개라는 것이다. 회개했다면 빛의 자녀로서 살아야 한다. 『**너희가 한 때는 어두움이었으나 이제는 주 안에서 빛이니 빛의 자녀들로서 행하라. (이는 성령의 열매는 모든 선과 의와 진리 안에 있음이라.) 무엇이 주를 기쁘시게 할 것인지 입증하라**』(엡 5:8-10). "성령의 열매"는 빛의 자녀들의 특징이다. 갈라디아서 5:22,23에 나온 대로 "**사랑과 기쁨과 화평과 오래 참음과 친절과 선함과 믿음과 온유와 절제**"가 빛의 자녀들의 특징이라는 것이다. 그리스도인으로 살면서 가끔씩 부족한 면을 보일 수 있다. 그렇다고 낙심해서는 안 된다. 영적으로 성장하면서 계속 선을 행해야 한다. 하루하루 성장해 가는 모습을 보여야 한다. 어제보다 나은 오늘을 살고, 오늘보다 나은 내일을 살아야 한다. 그러다 보면 언젠가, 내일의 내일의 내일이 이르면 하나님 앞에서 선한 열매를 풍성히 맺고 있는 자신을 발견하게 될 것이다.

본문 10절은 주 예수 그리스도께서 이 땅에 오신 이유를 설명한다. 『**인자가 온 것은 잃어버린 자를 찾고 또 구원하려는 것이라**』(10절). 주님께서는 지상에 화평을 가져오시거나, 온 인류를 하나의 지구촌 가족으로 연합시키려고 오시지 않았다. 주님께서 오신 목적은 죄인들을 구원하시려는 데 있었다. 주님께서는 『**자기 백성을 그들의 죄들에서 구원**』하시기 위해(마 1:21) 유대인의 메시아로 오셨지만, 그 구원은 자애롭게도 "모든" 사람들에게 확대되었다(행 13:46; 18:6; 28:25-28). 사도 요한은 『**그분이 우리의 죄들을 없애려고 나타나**』셨다고 말한다(요일 3:5).

"교회 시대"를 위한 열 므나의 비유

『그들이 이 말씀을 듣고 있을 때 주께서 비유를 하나 더 들어 말씀하시더라. 이는 주께서 예루살렘에 가까이 계시므로 그 사람들은 하나님의 나라가 당장 나타나는 줄로 생각하고 있었기 때문이라. 그러므로 주께서 말씀하시기를 "어떤 귀인이 왕국을 받아서 돌아오려고 먼 나라에 가게 되었더라. 그리하여 자기의 종 열 명을 불러 그들에게 열 므나를 주며 말하기를 '내가 올 때까지 장사하라.'고 하였더니 그의 백성이 그를 미워하여 그의 뒤로 소식을 보내어 말하기를 '우리는 이 사람이 우리를

> 통치하는 것을 원치 아니한다.'고 하더라. 그 귀인이 그 왕국을 받아서 돌아와 자기가 돈을 준 그 종들을 불러오라고 명하니, 이는 각자가 장사를 하여 얼마나 벌었는가를 알고자 함이더라』 (11-15절).

누가복음의 본문은 "므나의 비유"를 말하지만, 마태복음 25:14-30은 "달란트의 비유"를 말한다. 두 비유는 서로 비슷하지만 똑같지는 않다. 달란트의 비유는 "천국"(Kingdom of Heaven)을 다루고, 므나의 비유는 "하나님의 나라"(Kingdom of God)를 다룬다. 달란트의 비유에서는 "세 명"의 종들이 등장하는 반면, 므나의 비유에는 "열 명"의 종들이 등장한다. 10은 이방인의 숫자로서, 므나의 비유가 "이방인들"을 다루고 있음을 알게 한다. 달란트는 "유대인"의 무게 단위이지만, 므나는 "이방인"의 무게 단위인 것이다. 달란트의 비유에서는 각 종들이 투자할 "서로 다른" 양의 금액을 받게 되는 반면, 므나의 비유에서는 각 종들이 "동일한" 양의 액수를 받는다. 달란트의 비유에서는 무익한 종이 "지옥에 가지만," 므나의 비유에서는 "지옥에 가지 않는다." 이처럼 달란트의 비유와 므나의 비유는 "서로 다른" 비유인 것이다.

므나의 비유에 대해 구체적으로 이야기하자면, 누가복음에서 므나(pound)로 언급된 파운드(pound)는 영국의 화폐 단위이다. 므나의 비유는 『**하나님의 나라**』(11절)와 관련된 비유로서, 므나, 곧 pound가 이방인의 무게 단위인 만큼 이방인들에게 복음이 전파되어 하나님의 나라가 확장되는 교회 시대를 다루고 있다. 므나의 비유에는 "열 명"의 종들이 나오는데, 이 역시 "10"이 이방인의 숫자인 만큼 확실히 "교회 시대"와 관련이 있다. 『종 열 명』과 『열 므나』는 이 비유가 "이방인"을 다루는 "'교회 시대"에 해당하는 비유임을 나타낸다.

므나의 비유에서는, 달란트의 비유에서처럼 종들이 『**각자의 능력에 따라**』

(마 25:15) 각 므나를 받지 않고, 각 종들에게 "동일한 액수," 곧 한 므나가 지급된다. 그들은 『**어떤 귀인**』, 즉 "예수 그리스도"께서 왕국을 받아 먼 나라(하늘나라)에서 돌아오실 때까지 장사하라는 명령을 받았는데(12절), "각 종에게 동일하게" 주신 『**한 므나**』(16,18,20절)는 "복음"을 상징한다. 구원받은 그리스도인이라면 누구에게나 맡겨진 한 가지가 있는데, 그것은 재능이나 능력, 영적인 은사들, 돈, 사회적 지위, 자유, 장소, 지능 혹은 기회가 아니다. **그리스도인이라면 누구나 공통으로 갖고 있는 한 가지는 주 예수 그리스도에 관한 "복음"이다**. 복음은 종들의 능력에 따라 차별적으로 주어진 것이 아니라 각자에게 동일한 가치와 양으로 주어졌다. 귀인께서 종들에게 『**내가 올 때까지 장사하라.**』(13절)라고 하신 것은 "복음을 전파하라."는 뜻이다. 주님께서 돌아오실 때까지 복음을 "장사하듯 열심히" 전하라는 것인데, 다시 말해 복음 전파로 바쁘게 지내라는 뜻이다. 그렇지 않고 한 므나를 손수건에 꼭꼭 싸서 간직한 종처럼 주님을 맞는다면 『**악한 종아**』(22절)라는 말밖에 들을 말씀이 없게 된다. 당신의 므나는 어디에 있는가? 당신도 혹시 손수건으로 꼭꼭 싸 두지는 않았는가? 그리스도인은 주님께서 돌아오실 때 주님께서 부여하신 일을 바쁘게 하는 가운데 발견되는 삶을 살고 있어야 한다. 밥 존스 시니어는 "**내일을 위한 최상의 준비는 오늘 해야만 하는 일을 하는 것이다**."라고 했다. 주님의 재림을 대비하는 최상의 준비는 바로 오늘 자신이 성도로서 해야 할 일을 하고 있는 것이다.

『**그의 백성이 그를 미워하여 그의 뒤로 소식을 보내어 말하기를 '우리는 이 사람이 우리를 통치하는 것을 원치 아니한다.'고 하더라**』(14절). 사실 "유대인들"(요 15:24)뿐 아니라 "세상"(요 15:18)이 그를 미워하고 있다. 잃어버린 바 된 세상은 당신의 구주를 미워한다. 『**우리는 이 사람이 우리를 통치하는 것을 원치 아니한다**』(14절). 이 말을 그 귀인의 『**백성**』인 유대인들이 하고 있다. 『**그가 자기 백성에게 오셨으나 자기 백성이 그를 영접하지 아니하더라**』(요

1:11). 악한 종은 달란트의 비유에 나오는 악한 종처럼(마 25:30) 지옥에 가지 않고 보상을 잃어버릴 뿐이지만, 그 귀인이 자기들을 통치하는 것을 원하지 않은 백성은 죽게 된다(27절). **재림 때 예수 그리스도께서는 복음을 거절한 사람들에 대해서 그렇게 행하실 것이며(살후 1:8,9), 거기에는 그분의 통치를 거부하고 또 복음을 거절한 유대인들이 포함된다**.

"재림"을 보여 주는 "승리의 입성"

『주께서 이런 말씀을 하신 후에 예루살렘을 향하여 앞서 올라가시더라. 주께서 올리브 산이라고 하는 산 근처 벳파게와 베다니 가까이 이르렀을 때 제자들 가운데 둘을 보내시며 말씀하시기를 "너희 맞은편 마을로 가라. 그곳에 들어가면, 아직 아무도 타 보지 않은, 매어 놓은 나귀 새끼 한 마리를 보리니, 풀어서 이리 끌고 오라. 만일 누가 너희에게 묻기를 '어찌하여 그것을 푸느냐?'고 하면 너희는 그에게 '주께서 그것을 쓰신다.'고 말하라."고 하시니라』(28-31절).

본문은 "**승리의 입성**"에 관해 설명하는 내용이다. 예수 그리스도께서는 동쪽, 곧 올리브 산에서 예루살렘으로 다가가고 계신다. 올리브 산은 예수님께서 하늘로 돌아가시기 위해 떠나셨던 장소이며(행 1:9-12), 재림하시는 장소이기도 하다(슥 14:3,4). 따라서 28-40절은 예수 그리스도의 재림을 묘사해 준다. 그런 이유로 주님께서는 나귀 새끼를 데려오도록 두 명의 제자들을 보내신다.

30절의 『**나귀 새끼**』는 아직 "**길들여지지**" 않은 "**들나귀**" 새끼다(『**아직 아무도 타 보지 않은**』). 성경은 『**들나귀 새끼**』에 대해 다음과 같이 말씀한다. 『**사**

람이 들나귀 새끼같이 태어나도 허망한 사람이 현명하게 되느니라』(욥 11:12). "들나귀 새끼"는 거듭나지 않은 죄인의 모형이다. 죄인이 세상에 태어날 때, 그는 어느 누구도 단 한 번 타 본 적이 없는 들나귀 새끼와 흡사하다. 제자들은 『**나귀 새끼 한 마리를... 풀어서 이리 끌고 오라.**』(30절)라는 명령을 받는데, 마가복음 11:2에서는 그 나귀 새끼가 『**매여**』 있었다고 말씀한다. 즉 묶여 있어서 어디에도 갈 수 없는 상황이었으며, 이는 구원받지 않은 자가 "자기 죄들의 줄들에 매여 있다"(잠 5:22)는 말씀과 일치한다. 즉 죄인은 『**불의에 묶여**』(행 8:23) 있는 것이다. 하나님께서는 욥에게 『**누가 들나귀를 놓아주어 자유롭게 하였느냐? 누가 들나귀의 줄을 풀어 주었느냐?**』(욥 39:5)라고 물으셨으며, 이 질문에 대한 답은 바로 "하나님께서 하셨다."이다. 이처럼 죄인을 죄로부터 해방시켜 주시는 분은 바로 하나님이신 것이다(『**포로들에게 구원을 선포하고**』, 눅 4:18).

『**만일 누가 너희에게 묻기를 '어찌하여 그것을 푸느냐?'고 하면 너희는 그에게 '주께서 그것을 쓰신다.'고 말하라."고 하시니라**』(31절). 주님께서는 당신이 하기를 원하시는 일이 있으시기 때문에 당신을 필요로 하신다. 은하계들과 별들과 행성들을 만드신 하나님께서는 왜 "사람"을 필요로 하시는 것일까? 그것은 "은혜"로 밖에는 설명이 불가능하다.

『**그리하여 그들이 나귀 새끼를 예수께 끌고 와서**』(35절). 이것은 죄인이 구원받은 장면을 보여 준다. 그 들나귀 새끼가 예수님께로 인도되고 예수님께서는 그 등에 타시고 그를 길들이신다. 이미 거듭난 그리스도인이 해야 할 일은 밖으로 나가서 죄인들을 예수 그리스도께 데려오는 일이다. 나귀 새끼는 예수님께 끌려오고, 예수님께서는 그 등에 올라타신다. 바로 그것이 구원받을 때 당신에게 일어난 일이다. 나귀 새끼의 고삐를 잡으신 주님께서 이제 그를 통제하시는 것이다. 당신은 주님께서 가시길 원하시는 곳은 어디에라도 그분을 모시고 가야 할 부담이 있는 짐승일 뿐이다.

『주께서 지나가실 때에 그들이 자기들의 옷을 길에 펴더라. 주께서 이미 올리브 산의 내리막길에 가까이 오시니, 제자들의 모든 무리가 자기들이 보아 왔던 모든 능력 있는 일들로 인하여 기뻐하며 큰 소리로 하나님을 찬양하기 시작하여 말하기를 "주의 이름으로 오시는 왕은 복이 있도다. 하늘에는 화평이요, 지극히 높은 곳에는 영광이로다."라고 하더라. 무리 가운데서 바리새인 몇 사람이 주께 말씀드리기를 "선생님, 당신의 제자들을 꾸짖어 주소서."라고 하니 주께서 그들에게 대답하여 말씀하시기를 "내가 너희에게 말하노니, 이 사람들이 침묵을 지킨다면 돌들이 즉시 소리를 지르리라."고 하시더라』(36-40절).

『주께서 지나가실 때에 그들이 자기들의 옷을 길에 펴더라.』(36절)라는 말씀은 스카랴 9:9의 말씀이 눈앞에서 성취되고 있음을 보여 준다. **『오 시온의 딸아, 크게 기뻐하라. 오 예루살렘의 딸아, 소리지르라. 보라, 네 왕이 네게 오시나니 그는 공의로우시며 구원을 지니셨고, 겸손하시며 나귀를 타시리니 나귀의 새끼인 어린 나귀니라』**(슥 9:9). 예수님께서는 왕으로서 예루살렘에 입성하고 계셨던 것이다. 그러나 바리새인들은 예수님을 구약의 약속된 왕으로서 공개적으로 선포하는 제자들에 대해 반대했다. 이러한 상황에 주님께서는 예루살렘 도성에 가까이 오시어 울면서 말씀하셨다. **『적어도 이 너의 날에 너만이라도 너의 화평에 속한 일들을 알았더라면 좋았으련만! 그러나 이제는 그것들이 너의 눈에서 감추어졌느니라. 그 날이 너에게 임하리니, 그때에는 네 원수들이 너의 주위에 방벽을 쌓고 너를 포위하여 사방에서 가두리라. 또 그들은 너를 땅에 내어 치리니, 네 안에 있는 네 자식들까지리라. 그리고 그들은 너에게 돌 위에 돌 하나도 남겨 두지 아니하리라. 이는 너를 감찰하는 때를 네가 알지 못하기 때문이라』**(42-44절). 예수님께서는 앞으로 로마인들이 들어와서 그 성읍을 파괴시킬 것을 미리 알고 계셨기에 우셨다. 예수님께서는 그 유대인들이 자기들에게 화평을 가져오는 일에 필요한 것이 무엇인지 알고 있기만 하다면 장차 일어날 일을 피할 수 있을 것이라고 하셨지만(42절), 민족의 지도자들은 그들의 왕을 거절하고 앞으로 다가올 일들을 위한 무대를 마련하고 있을 뿐이었다(43,44절, A.D. 70년의 로마의 티투스 장군을 통해 일어날 예루살렘 파괴).

그 뒤 주님께서는 주님의 기도하는 집인 성전을 강도들의 소굴로 만든 자들을 내어쫓으셨다(45,46절). 그 후 주님께서 매일 성전에서 가르치셨지만, 선임 제사장들과 서기관들과 백성의 지도자들은 주님을 죽일 기회를 엿보기만 했다(47절). 그러나 모든 백성이 주님의 말씀을 들으려고 열심히 귀를 기울이므로 그들이 어찌할 바를 몰라 했다(48절). 마가는 이때의 상황에 대해 『**일반 백성이 그가 하신 말씀을 기쁘게 듣더라.**』(막 12:37)라고 기록했는데, 『**일반 백성**』이 예수님의 말씀을 들으려고 귀를 기울이고 있었던 이유는, 예수님의 가르침이 서기관들과 바리새인들의 가르침과 달랐기 때문이다. **예수님께서는 "권위 있게" 가르치셨다(막 1:22)**. 서기관들과 바리새인들은 "권위가 없었기" 때문에 권위 있게 말하지 못했다. 이 시대의 "권위 있는" 가르침은 1611년 판 "권위역본"에서 나온다. 그 성경을 한글로 번역한 〈한글킹제임스성경〉에서 "권위 있는" 가르침이 나오는 것이다.

■ 새롭게 깨달았거나 적용할 내용이 있다면 적어 보세요. ■

제1과
복습문제

1. 죄인들은 삭개오처럼 주님께로 (　　　　　) 오는 것이 좋다.

2. 『인자가 온 것은 잃어버린 자를 찾고 또 (　　　　　　)하려는 것이라』(눅 19:10).

3. 『종 열 명』과 『열 므나』는 므나의 비유가 (　　　　)을 다루는 "'교회 시대" 에 해당하는 비유임을 보여 준다.

4. 므나의 비유에서 "각 종에게 동일하게" 주신 "한 므나"는 (　　　　　)을 상징한다.

5. 『일반 백성』이 예수님의 말씀을 들으려고 귀를 기울이고 있었던 이유는, 주님의 가르침이 서기관들과 바리새인들의 가르침과 달리 (　　　　　)가 있으셨기 때문이다.

■ 새롭게 깨달았거나 적용할 내용이 있다면 적어 보세요. ■

NOTES

제2과
포도원의 소출을 요구하시는 주인의 비유 (20장)

『선입 제사장들과 서기관들은 주께서 말씀하신 이 비유가 자기들에 대한 것임을 알았기 때문에 그 시간에 주를 잡으려고 하였으나 백성을 두려워하더라』(눅 20:19).

최종 권위에 대한 질문(1-8절)

예수님께서 성전에서 "권위"있게 가르치시자(마 7:29) 선임 제사장들과 서기관들이 장로들과 함께 와서 예수 그리스도께 최종권위의 문제를 제기한다(2절). 권위의 문제는 정치, 경제, 사회, 가정 등 모든 영역에서 제기된다. 만약 당신이 권위에 관한 동일한 질문을 받는다면, 당신은 무엇이라고 대답하겠는가? 과연 『**무슨 권세로**[어떤 성경을 가지고] **당신이 이런 일을 행하는**』가?(2절) 그에 대한 대답은 "하나님께서 영감으로 기록하시고 섭리로 보존하신 한글킹제임스성경의 권위를 가지고 행한다."가 되어야 할 것이다. 그렇다면 『**누가 당신에게 이 권세를 주었는**』가?(2절) 하나님의 말씀을 그분 자신의 이들의 이름보다 높이신 하나님께서(시 138:2, 빌 2:9, 느 9:5) 주셨다고 대답해야 할 것이다. 그리스도인들에게 믿음과 실행에 관한 최종권위는 "한글킹제임스성경"이다. 성경이 아닌 교회, 전통, 교세, 학위, 유명하다는 목사나 신학자 등을 최종권위로 두는 것은 잘못된 일이다. 오직 성경만이 그리스도인의 최종권위이며 성경 외에는 그 어떤 것도 최종권위가 될 수 없다(벧후 1:19-21).

예수 그리스도께서는 제사장들과 서기관들에게 이에 관해 명쾌하게 답변해 주실 수 있었고 이미 예전에 그렇게 하셨다(요 5,7,8,10장). 그런데도 이들이 계속해서 동일한 질문을 동일하게 하는 것은 그 질문의 의도가 결코 순수하지 못했기에 예수 그리스도께서는 곤란한 질문으로 그들을 곤혹스럽게 만드신다. 『**나도 너희에게 한 가지 묻겠노니 내게 대답하라. 요한의 침례가 하늘로부터 온 것이냐, 아니면 사람에게서 난 것이냐?**』(3,4절) 예수님의 이 질문으로 위선자인 겁쟁이들의 민낯이 드러난다. 이들은 솔직하게 대답하기는커녕 뭐라고 말해야 할지 궁리하느라 혼란스러워한다. 하늘로부터 온 것이라고 말하면 그를 인정하지 않은 위선자로 볼 것이고 그렇다고 사람에게서 왔다고 하면 침례인 요한을 인정하고 있는 사람들이 두려워서 그들은 『**말할 수 없다.**』(7절)라는 비겁한 대답을 내놓는다. 하지만 사실 그 비열한 거짓말쟁이들은 요한의 침례가 하늘로부터 온 것임을 너무나도 잘 알고 있었다. 다만 자기들의 솔직한 생각을 말하기가 너무 두려웠을 뿐이다. 그러자 예수님께서도 『**나도... 말하지 아니하겠노라.**』(8절)라고 말씀하신다. 주님께서는 "진리로부터 숨기" 위해 필사적으로 모른 체하는 이 혼미한 위선자들에게 대답하실 마음이 전혀 없으셨던 것이다. 설령 주님께서 그들에게 단도직입적으로 대답하셨다 하더라도, 그들은 주님께서 어떤 식으로 말씀하시든지 그 말씀을 믿을 의향이 전혀 없었다. 예수님께서는 이 사실을 알고 계셨다(눅 22:67).

포도원에 관한 비유(9-19절)

예수님께서는 이제 포도원에 관한 비유를 말씀하신다. 이 비유는 초림과 재림 두 가지를 다루고 있다. 9절에서 『**어떤 사람**』은 『**만군의 주**』이시고, 『**포도원**』은 『**이스라엘 집이요, 유다 사람들**』이다(사 5:7). 『**농부들**』은 유대 민족을 책임 맡은 사람들로서 왕들과 통치자들과 제사장들과 서기관들과 장로들이다. 그리고 『**먼 나라**』는 하늘나라이다(눅 19:12). 『**오랫동안**』이라고 하는 것은 문맥상 여호수아가 카나안 땅을 차지했을 때부터 초림 때까지의 기간에 해당된다. 10-12절은 구약의 선지자들의 사역을 묘사하고 있다(암 3:7). 선지자들은 이스라엘의 소출을 요구하기 위해 보냄을 받았는데, 결과적으로는 마구 두들겨 맞고(왕상 22:24), 위협받고(왕상 19:1,2), 구덩이에 던져져 죽게 내버려지고(렘 38:6), 처형되고(렘 26:23), 돌에 맞고(대하 24:21), 괴롭힘을 당하기만 했다(히 11:36-38). 이에 『**포도원 주인**』(13절)은 마지막으로 그의 사랑하는 아들(눅 3:22; 9:35)을 보냈다. 하지만 주인의 유산을 탐낸 농부들은 상속자인 포도원 주인의 아들을 죽인 것이다(14,15절).

이후로 하나님께서는 그분의 아들을 거절하고 그의 피를 그들 자신과 그들의 자손에게 돌리라는 그들의 외침대로(마 27:25) 유대인들을 이방인의 손에 넘기시어 죽이시고 철저히 흩어 버리셨다. 그리고는 그 포도원을 다른 사람들에게 주셨다(15,16절). 예수님께서는 여기에서의 『**포도원**』을 하나님의 나라에 적용하신다. 『**그러므로 내가 너희에게 말하노니, 하나님의 나라를 너희에게서 빼앗아 그 소출을 가져올 민족에게 주리라**』(마 21:43). 로마카톨릭이나 이슬람 등은 서로 자신들이 소출을 가져올 그 민족이라고 우기지만 모두 넌센스다. 예수님께서는 새로운 출생을 통해 『**선택받은 세대요 왕 같은 제사장이며, 거룩한 민족이요, 독특한 백성**』으로 완전히 변화된 구원받은 성도들에게 주실 것을 말씀하고 계신 것이다(벧전 1:23-2:9).

한편, 18절에서 등장하는 『**돌**』은 다니엘 2:34,35,44,45의 "**치는 돌**"이지만, 초림과 재림 "**두 가지**" 모두가 이 구절에서 제시되고 있다. 먼저 이 시대에 예수 그리스도께서는 『**넘어지게 하는 돌**』로서 자기 의를 내세우는 죄인이 거기에 걸려 넘어져서 그의 어리석은 목이 부러지도록 만드신다(롬 9:32,33, 사 8:14). 재림 때에는 그 돌이 하늘에서 떨어져 이 세상 왕국들을 부수어 『**여름 타작마당의 쭉정이같이**』 바람에 날려 버릴 것이다(단 2:35).

그곳에 있던 제사장들과 서기관들은 자신들이 이 비유에서 언급된 살인자라는 것을 아주 분명하게 이해했다. 그런데도 그들은 회개하지 않고 오히려 예수님을 죽이기 위해 『**주를 잡으려고**』 했다(19절). 어떤 사람이 성경이 자신에 관해 말씀하시는 것을 알고 있으면서도, 기록된 그대로 행함으로써 기록된 예언의 말씀을 성취시키는지가 참으로 놀라울 뿐이다. 이들 제사장들과 서기관들은 하나님께서 그분의 아들을 살해한 죄로 인해 그들을 죽이실 것을 정확히 알고 있었다. 그럼에도 불구하고 그들은 돌이키지 않은 채 그들의 계획을 계속해서 밀고 나갔던 것이다.

세금에 관한 질문(20-26절)

이제 그들은 그리스도를 잡아 죽이고 싶었지만, 백성들이 두려워서 그렇게 하지 못했다(19절). 그래서 한 가지 계략을 고안해 내는데, 세금 문제로 예수님으로 하여금 말실수를 하게 만드는 것이었다. 이를 위해 그들은 그저 진리를 원하는 선한 사람들로 가장한 정탐꾼들을 예수님께 보낸다(20절). 그리고는 아부하는 말을 하다가(21절) 『**우리가 카이사에게 세금을 내는 것이 옳으니이까, 옳지 아니하나이까?**』(22절)라고 질문한다. 만일 예수님께서 옳다고 말씀하시면 유대인들과 마찰을 일으킬 것인데, 유대인들은 이방인들 가운데 자기들을 다스릴 어떤 왕도 세워서는 안되기 때문이었다(신 17:15). 반대로 예수님께서 카이사에게 경의를 표하는 것은 모세의 율법에 역행하는 것으로 만약 옳지 않다고 말씀하신다면, 지도자들은 로마에 예수님을 선동죄로 고소할 수 있었다.

하지만 『**주께서 그들의 간계를 아시고**』(23절)는 『**데나리온 한 닢을 내게 보이라.**』(24절)라고 말씀하신다. 그리고 『**그것에 누구의 형상과 글이 새겨져 있느냐?**』(24절)라고 물으신다. 로마 시대의 주화에는 모두 당대의 황제의 형상과 이름이 새겨져 있었다. 『**그러면 카이사의 것은 카이사에게... 바치라**』(25절). 예수 그리스도께서 하신 이 답변에 바리새인들과 사두개인들은 그 어떤 꼬투리도 잡을 수 없었다. 『**그들이... 주의 대답에 놀라며 잠잠하더라**』(26절). 그들은 그저 입 다물고 잠잠히 있을 수밖에 없었던 것이다.

부활에 관한 질문(27-38절)

이번에는 사두개인들이 질문하고 있다. 그들은 천사들, 영들, 죽은 자들의 부활 등을 믿지 않는(행 23:8) 1세기의 자유주의자들로 사람이 죽으면 그것으로 끝이라고 생각했다. 하지만 예수님께서는 무덤들 속에 있는 모든 자들이 어떤 이는 『**생명의 부활로**』, 또 어떤 이는 『**저주의 부활로**』 나올 것에 관해 말씀하셨다(요 5:28,29). 이에 사두개인들은 예수님께 "가상의 경우"를 제시함으로써 그분의 교리를 망치려 질문을 던진다.

그들이 제시한 사례는 자신의 가문을 이을 자녀도 남기지 않고 죽은 유대인 남편에 관해서였다(신 25:5,6). 그럴 경우 남자의 가장 가까운 친척이 그 과부에게로 들어가서 남편의 의무를 수행하여 그녀가 수태하도록 해야만 했다. 물론 전제 자체가 가정이긴 하지만 사두개인들은 만일에 일곱 명의 형제가 있고 그 일곱 명이 차례대로 죽었을 경우, 그리고 그 일곱 형제에게로 들어갔던 과부 또한 아무런 자녀도 낳지 못한 채 죽게 된다면 과연 『**부활 때에 그 여인은 그들 가운데 누구의 아내가 되겠나이까?**』(33절)라고 물은 것이다. 그리스도께서는 이 정신 나간 자들에게 『**이 세상의 자녀들은 장가가고 시집가지만**』(34절) 『**저 세상**』에 가려면 그것을 『**얻기에 합당하다고 여겨**』져야만 한다고 말씀하시면서 그런 그들은 "장가가거나 시집가지 않는다"고 말씀하신다(35절). 『**부활의 자녀**』들은 『**천사들과 동등하**』기에 그들 역시 "남성"이다. 그렇기에 그들이 『**하나님의 아들들**』로 불리는 것이다(요 1:12). 즉, 부활의 때에 하나님의 아들들은 하나님의 아들이신 주 예수 그리스도와 같이 변모된다(요일 3:1,2, 빌 3:21). 그래서 『**부활의 자녀**』들은 『**장가가거나 시집가지**』 않는 것이다.

사두개인들은 자신들의 질문에 권위가 있다는 것을 보여 주기 위해 모세의 율법을 가지고 부활에 관해 문제를 제기했다(28절). 그래서 예수님께서도 그들을 되받아치시는 의미로 출애굽기 3:6을 인용하시며 그 문제의 정곡을 찌르고 계신다. 『**그가 주를 아브라함의 하나님, 이삭의 하나님, 야곱의 하나님이라 부를 때... 그분은 죽은 자들의 하나님이 아니요, 산 자들의 하나님이시니**』(37,38절). 본문은 아브라함, 이삭, 야곱이 영원히 죽은 상태가 아니었음을 내포하고 있다.

그들의 혼들은 여전히 살아 있어서 다시 살기 위해 부활한 몸과 재결합되기를 기다리고 있었다. 『**모든 사람이 그분께는 살아 있음이라**』(38절). 믿는 성도의 몸의 부활에 관하여 또 한 번 주 예수 그리스도께서 언급하시는 부분이다. 이 본문은 바울이 부활하신 그리스도에 관하여 말했던 내용과 정확히 일치한다(롬 6:10). 당신이 구원을 받았다면 주님께서 죽음 가운데 머물러 계시지 않으셨던 것처럼 우리 또한 부활할 것이 확실하다(롬 8:11, 요 14:19).

이와 관련하여 주님께서는 "죽은 자들의(of the dead) 부활"이 아니라 『죽은 자들로부터의(from the dead) 부활』에 대해 말씀하신다(35절). 비슷해 보이지만 이 둘은 교리적으로 잘 구분해야 한다.

먼저 "죽은 자들의(of the dead) 부활"은 백보좌 심판에서 예수 그리스도를 대면할 수 있도록 『**사망과 지옥**』이 그들의 죽은 자들을 넘겨주는 부활을 말한다(계 20:11-13, 행 17:31). 이 부활에 참여하는 자들은 『**허물과 죄들 가운데서 죽었던**』 자들로서(엡 2:1) 자기들의 죄들 가운데서 죽어(요 8:21,24) 지옥으로 가게 된다. 그들은 영적으로 죽은 상태에서 부활하여 심판을 받고 『**둘째 사망**』인 불못으로 보내진다.

이에 반해 "죽은 자들로부터의(from the dead) 부활"은 이 일이 있기 적어도 "천 년 전에" 일어나는 사건이다. 예수님께서는 『**나는 부활이요, 생명이니 나를 믿는 자는 죽어도 살 것이며 또 살아서 나를 믿는 자는 누구나 영원히 죽지 아니하리라.**』(요 11:25,26)라고 말씀하셨다. 누구라도 구원받기 위해 주 예수 그리스도를 믿으면, 『**마지막 날**』(요 11:24)이 되기 "전에" 부활하는 것이다. 요한계시록 20:5에서는 그것을 『**첫 번째 부활**』이라고 부르는데, 당신이 『**첫 번째 부활**』 때에 부활하면 『**둘째 사망**』 곧 "죽은 자들의(of the dead) 부활"과는 아무런 관계가 없게 된다(계 20:6). 첫 번째 부활은 세 부분으로 구성된다. 우선 『**첫열매들**』이 되신 『**그리스도**』(고전 15:20,23), 곧 그리스도께서 부활하실 때 함께 데리고 올라오신 구약 성도들(마 27:52,53)이 있고, 『**예수 안에서 잠든**』 신약 성도들의(살전 4:14-16, 고전 15:23) "수확"이 있으며, 환란 후 휴거 때 환란 성도들의 "이삭줍기"가 있다(계 20:4-6; 14:13-16, 마 13:38-43).

그리스도의 신성에 관한 질문(39-44절)

이제 보수주의자들과 자유주의자들 모두 그리스도께서 하시는 말씀에서 실수를 유도하려고 시도해 보았지만 둘 다 실패하고 말았다. 부활에 관해 사두개인들에게 그리스도께서 답변하신 것에 대응하여 서기관 중 하나가 『**선생님, 말씀을 잘하셨나이다.**』(39절)라고 중얼거린다. 『**그후에는 아무것도 감히 더 묻지 못하더라.**』(40절)라는 말씀에서 보듯이 그것으로 끝이었으니, 그들은 더 이상 할 말이 없었던 것이다.

그러나 예수님께서는 그들에게 그분의 "신성"에 관한 질문을 하셔서 그들이 얼마나 똑똑한 자들인지 알아보시려 하신다. 『**어찌하여 사람들이 '그리스도는 다윗의 아들이라.'고 말하느냐?**』(41절) 이 질문을 하신 이유는 다윗에게 주어진 약속이 그가 영원히 그의 보좌에 앉을 한 아들을 항상 갖게 될 것이라는 내용이었기 때문이다(삼하 7:16, 렘 23:5,6; 33:17-26). 그러나 메시아께서는 다윗의 물리적인 후손을 훨씬 뛰어넘는 존재이셔야만 했다. 그리스도께서 42,43절에서 인용하신 시편 110:1에서는 『**주께서 내 주께 말씀하시기를 "내가 네 원수들을 네 발판으로 삼을 때까지 너는 나의 오른편에 앉아 있으라." 하셨나이다.**』라고 말씀하신다. 이 시편에는 『**다윗의 시.**』라는 표제가 붙어 있으므로, 이것은 다윗이 하나님께서 기름부음 받은 왕, 곧 메시아로 오시는 것에 관하여 쓴 시이다. 메시아는 헬라어로 "그리스도"이다.

그렇다면 『주[LORD]』는 누구인가? 바로 "여호와" 하나님이시다. 즉 여호와께서 『**내 주께 말씀하**』신 것이다. 여기에는 두 번째 "주"(Lord)가 나온다. 그것은 분명 하나님 아버지께서 아들 하나님께 말씀하시는 것에 대한 언급이다. 왜냐하면 결국 아버지의 오른편에 계시는 분은 예수님이시기 때문이다(막 16:19, 히 1:1-3). 다윗이 그 두 번째 "주"를 『**내 주**』라고 부르는 것에 주목하라. 만약 그 두 번째 "주"가 메시아라면 메시아는 다윗의 아들이 된다. 그렇다면 무엇 때문에 다윗은 그의 아들을 『주』라고 부르는 것인가? 과연 다윗은 자기 자신의 아들을 『주』라고 부를 수 있는 것인가? 『**그러므로 다윗이 그를 주라고 부르는데 어떻게 그가 다윗의 아들이 되겠느냐?**』(44절) 이에 대해 그들 바리새인들과 사두개인들과 서기관들은 아무런 대답도 하지 못한다. "그리스도께서 다윗의 문자적인 아들일 리가 없다"며 그 진리를 거부하고 받아들이지 않는 것이다. 하지만 그리스도께서는 하나님의 아들이시기에 하나님께로부터 나오는, 다윗으로부터는 받지 못하는 신성을 지니고 계신다. 또한 그분은 "인자"(the Son of man)이시기에, 마리아를 통하여 다윗으로부터 얻게 되는 인성을 지니고 계신 것이다.

한 인간이 하나님의 아들로 자처하는 것이 무슨 의미인가를, 어리석은 여호와의 증인들은 이해하지 못할지라도 유대인들은 완벽하게 이해하고 있었다. 그래서 예수님께서 『**나와 나의 아버지는 하나니라.**』라고 말씀하셨을 때(요 10:30), 분명 예수님께서는 스스로를 "하나님"이라고 말씀하셨기 때문에(요 10:33) 유대인들은 『**주를 돌로 치려고... 돌을**』 들었던 것이다(요 10:31). 그 유대 지도자들은 마치 교황이 예수 그리스도께서 돌아오시어 로마에 있는 교황의 보좌에서 자기를 걷어 차 버리시는 것을 원하지 않는 것처럼 하나님께서 그들의 왕이 되시려고 육신을 입고 나타나시는 것을 원하지 않았던 것이다.

로마카톨릭 사제직에 관한 예언적 경고(45-47절)

여기 누가복음 본문과 마태복음 23장에서 주목해야 할 사실은 바리새인들과 서기관들이 1세기에 완전히 자취를 감춘 것은 아니라는 사실이다. 당신은 『**긴 옷을 입고**』(46절) 돌아다니면서 "**아버지**"(마 23:9)라고 불리기를 좋아하는 종교 지도자들의 무리에 대해 알고 있는가? 그들은 과부들에게 그들의 죽은 남편들을 연옥에서 벗어나도록 하기 위해 "**대미사**"(high Masses, 장엄 미사)를 하도록 강요한다(47절). 그들은 바로 로마카톨릭이다. 로마카톨릭 사제들은 그리스도께서 바리새인들과 서기관들을 책망하신 모든 표시들을 지니고 있다. 만약 그리스도인들이 주님의 경고들에 주의를 기울였다면, 오늘날 로마카톨릭 교회는 존재하지 못했을 것이다.

『**남들에게 보이고자 길게 기도하니**』(47절). 그래서 이슬람교도들이 대규모 그룹을 이루어 몇 번이고 실외에서 기도하는 것인데, 이는 기도하는 모습을 "**보임으로써**" 그들이 거룩한 사람이라고 생각하도록 만들기 위한 것이다. 마호메트의 종교 체제에는 독창적인 부분이 전혀 없다. 모슬렘들은 바리새인들처럼 단일신교도들이다. 모슬렘들은 바리새인들이 그랬듯이 돼지고기를 먹지 않는다. 모슬렘들은 바리새인들이 그러했듯이 예수님을 하나님의 아들로 믿지 않는다. 바리새인들처럼 사람들을 자기들보다 『**두 배나 더 악한**』 지옥의 자식으로 만드는(마 23:15) 카톨릭 사제들이나 모슬렘 이맘(이슬람 교사)들과 같은 종교적 위선자들은 『**더 큰 저주를**』 받게 될 것이다(47절).

■ 새롭게 깨달았거나 적용할 내용이 있다면 적어 보세요. ■

제2과
복습문제

1. 그리스도인들에게 믿음과 실행에 관한 최종권위는 "한글킹제임스성경"이다. (O , X)

2. 포도원의 비유에서 『어떤 사람』은 『만군의 주』이시고, 『포도원』은 『이스라엘 집이요, 유다 사람들』이다(눅 20:9). (O , X)

3. 사두개인들은 천사들, 영들, 죽은 자들의 부활에 관한 구약의 말씀과 진리를 믿었던 사람들이었다. (O , X)

4. "죽은 자들의(of the dead) 부활"과 "죽은 자들로부터의(from the dead) 부활"은 사실상 같은 부활을 일컫는다. (O , X)

5. 예수 그리스도의 신성과 인성에 있어서, 그분께서는 임마누엘 곧 우리와 함께하시는 하나님이심과 동시에 인간의 육신을 입고 오신 완벽한 인간이셨다. (O , X)

■ 새롭게 깨달았거나 적용할 내용이 있다면 적어 보세요. ■

NOTES

제3과
재림의 표적들
(21장)

『그때 사람들은 인자가 구름을 타고 권세와 큰 영광으로 오는 것을 보리라. 그러나 이런 일이 일어나기 시작하면 위를 보고 너희의 머리를 들라. 이는 너희의 구속이 가까이 왔음이라."고 하시더라』(눅 21:27,28).

영광스러운 재림의 날

"성경의 주제"는 "왕국"(Kingdom)이다. "하나님의 왕국," 곧 "천국과 하나님의 나라"가 주제이며, 그 왕국은 "예수 그리스도의 다시 오심," 즉 "재림"을 통해 완전히 성취된다.

창조주시요, 구속주시며, 심판자이신 "아버지 하나님"께서는, "아들 하나님"이신 예수 그리스도의 "초림"보다 "재림"을 더 기뻐하신다. 왜냐하면 "초림"은 인류의 구속을 위해 "십자가 위"에서 그분의 아들을 "버리신 날"인(마 27:46) 반면, "재림"은 그분의 아들께서 장차 이 땅에 세워질 "다윗의 보좌"에 앉으시어 "만왕의 왕"이요, "만주의 주"로서 온 세상을 유업으로 받으시고, 심판하시고, 통치하시는 날이기 때문이다. 그날에 하나님의 아들께서는 마땅히 받으셔야 할 모든 영광과 존귀를 받으실 것이다.

이렇듯 "재림"이 성경에서 "가장 중요한 주제"이기에, 성경은 "초림" 당시의 "갈보리 십자가 사건"보다 "재림" 때 이 땅에서 이루어질 "왕국의 통치"를 설명하는 데 "열 배 이상" 더 많은 구절을 할애한다. 특히 성경은 바로 그 "재림의 날"이 무척 가깝다고 말씀한다. **『너희도 인내하며 마음을 견고케 하라. 주의 오심이 가까움이라』**(약 5:8). **『또 그가 내게 말하기를 "이 책의 예언의 말씀들을 봉인하지 말라. 이는 그 때가 가까움이라』**(계 22:10). 이와 같은 "재림의 임박성"은 "재림과 연관된 여러 가지 표적들"을 통해 확인할 수 있는데, 특히 누가복음 21장에서는 "재림을 예고하는 표적들"이 많이 언급되고 있다.

과부의 적은 연보(1-4절)

『주께서 눈을 들어 부자들이 연보궤에 연보 넣는 것과 또 한 가난한 과부가 두 렙돈을 거기에 넣는 것을 보시고 말씀하시기를 "진실로 내가 너희에게 말하노니, 이 가난한 과부가 그들 모두보다 더 많이 넣었도다. 이 모든 사람은 그들의 풍족한 데서 하나님께 연보로 넣었지만, 그 여인은 가난한 가운데서 자기가 가진 생계비 전부를 넣었느니라." 고 하시더라』(1-4절).

"인자"이신 예수 그리스도께서는 "빈궁한 처지"에서도 "생계비 전부"를 바친 "가난한 과부"를 칭찬하셨다. "헌금"과 관련하여, 위 본문에서 배울 수 있는 교훈은 다음과 같다.

첫째, 헌금은 일종의 "선물"(gift), 곧 "자원하는 마음"으로 드리는 "선물"이다.
둘째, 하나님께서 헌금의 가치를 평가하는 기준은 "양"이 아니다.
셋째, 너무 가난하다고 해서 하나님께 드릴 수 없는 것은 아니다.
넷째, 헌금은 "예물"이나 "제물"의 성격이 강해서 "희생적으로" 드려야 한다.

"멘소래담"으로 유명한 "알버트 알렉산더 하이드"는 이렇게 말했다. "사람에게 진 빚보다 하나님께 진 빚이 먼저입니다. 사람이 어떻게 하나님의 것을 도둑질할 수 있겠습니까? 십일조는 해도 되고, 안 해도 되는 '선택 사항'이 아니라, 하나님의 분명한 명령이자, 아름다운 복의 약속입니다. 우리가 이 명령에 넘치도록 순종할 때, 분명 하나님께서도 넘치게 복을 부어 주실 것입니다."

예수 그리스도의 다시 오심의 표적들(5-19절)

『몇 사람이 성전이 얼마나 우아한 돌들과 예물로 단장되었는가 성전에 관하여 말하고 있을 때, 주께서 말씀하시기를 "너희가 보고 있는 이것들이 그 날이 오면 돌 위에 돌 하나도 남지 않고 다 무너지리라."고 하시니 그들이 주께 물어 말씀드리기를 "선생님, 그러면 언제 이런 일이 있겠으며 이런 일이 일어날 때 어떤 표적이 있겠나이까?"라고 하더라』(5-7절).

"제자들"이 예수님과 함께 "성전"으로부터 나오면서, 『**성전이 얼마나 우아한 돌들과 예물로 단장되었는가**』(5절)에 관해 말씀드렸을 때, 주님께서는 그 "성전"이 『**돌 위에 돌 하나도 남지 않고 다**』(6절) "무너질 것"이라고 예언하셨다. 이 "예언"은 "역사적으로" A.D. 70년에 "로마"의 "티투스 장군"에 의해 정확히 성취되었다. 또한 장차 "교회의 휴거" 이후 이 땅에서 펼쳐질 "환란 기간"에 "예루살렘 성전"은 한 번 더 파괴될 것이다.

이후 "올리브 산"에 도착한(마 24:3) 제자들은 이 "엄청난 예언"에 대해 다음과 같이 예수님께 말씀드렸다. 『**선생님... ❶ 언제 이런 일이 있겠으며 ❷ 이런 일이 일어날 때 어떤 표적이 있겠나이까?**』(7절) "마태"는 이상 "두 가지 질문"을 다음 "세 가지"로 기록했다. 『**❶ 언제 이런 일이 있겠으며, ❷ 주께서 오실 표적과, ❸ 세상 끝의 표적이 어떤 것인지 우리에게 말씀하여 주소서**』(마 24:3). 사실 "두 가지"이든, "세 가지"이든, "질문의 수"는 중요하지 않다. 왜냐하면 이 질문들은 서로 다른 별개의 질문들이 아니고, 결국 "하나의 질문"이기 때문이다. 다시 말해 "세상 끝에 일어날 일들"에 관한 "하나의 질문"인데, "성전이 무너지는 일"과 "주님께서 오시는 재림"과 "세상 끝에 일어날 일들," 이상 "세 가지 일"은 모두 "종말에 일어날 사건들"로서, 특히 "대환란과 재림 때 일어날 사건들"인 것이다. 이에 예수님께서는 "**마지막 날들에 있을 일들**"에 관해 구체적으로 경고하시고 가르쳐 주시는데, 이 일들이 바로 "**재림의 표적들**"이다.

① 『**너희는 미혹되지 않도록 주의하라**』(8절). "예수 그리스도의 재림"에 앞서 『**강력한 미혹**』(살후 2:11)이 있을 것이다. "많은 사람"이 "예수 그리스도의 이름"으로 와서 『**내가 그리스도라. 때가 가까웠다.**』(8절)라고 말하며, "메시아" 또는 "재림주"로 자처할 것이지만, 그들의 "미혹"에 속지 말아야 한다.

② 『**전쟁과 소요**』(9절)가 있을 것이고, 『**민족이 민족을 대적하고 나라가 나라를 대적하여**』(10절) 일어날 것이다. 1945년, 소위 "평화를 위한 마지막 희망"이라 불리는 "국제연합"(UN)이 창설된 이래로, 177회의 무장 갈등이 전 세계에서 일어났는데, 그중 12회는 큰 규모의 중요한 전쟁이었고, 21회는 중간 규모의 전쟁, 23회는 반란, 16회는 권력을 찬탈하기 위한 전쟁, 36회는 정권 교체를 위한 내란, 24회는 군사력 개입이었다. 특히 1900년부터 1987년까지 3,800만 명의 사람들이 전쟁에서 죽었고, 러시아, 캄보디아, 독일, 르완다 같은 국가들에서는 "자국 정부"에 의해 죽은 사람이 1억 7,000만 명에 달했다.

③ 『**큰 지진이 여러 곳에서 있을 것이며, 기근과 역병과 무서운 광경과 큰 표적들이 하늘로부터**』(11절) 있을 것이다. "미국 지질학회"에 따르면, 1987년부터 2010년까지 22회의 대규모 지진이 있었고, 324회의 주요 지진이 있었다. "기근"은 가뭄이나 홍수처럼 "자연재해로 인한 흉년의 결과물"이고, 또 "식량봉"(staff of bread, 겔 4:16)이 끊어지는 것을 의미하기도 한다. 예멘, 콩고민주공화국, 베네수엘라, 남수단공화국, 아프가니스탄 등지의 "기근"이 매우 심각하다. 또한 에볼라 바이러스, 유행성 독감, 에이즈, 사스, 메르스, 신종 코로나바이러스 등의 "역병"(전염병)도 기승을 부리고 있으며, "무서운 광경"과 "큰 표적들"이 하늘로부터 있을 것이다. 이 모든 것들은 『**고통의 시작**』(마 24:8)에 불과한데, 이는 그러한 고통이 "대환란 기간"에 절정에 달할 것이기 때문이다.

④ "**극심한 박해**"(12-17절)가 있을 것이다. 그때는 많은 사람이 실족하고 배반하며 미워할 것이고(16,17절), "거짓 선지자들"이 일어나 많은 이들을 미혹할 것이다. "인간성"도 상실되고 "사랑"도 식을 것이다. 특히 "유대인 성도들"이 "예수 그리스도의 이름"으로 인해 "박해받을" 것인데, 회당과 감옥에 넘겨지고 왕들과 집권자들 앞에 끌려가는 것이다(12절). 그러나 하나님께서는 그들을 보호해 주셔서 『**머리카락 하나도... 손상되지**』(18절, cf. 단 3:25-27) 않게 해 주실 것이며, 그들의 "대적들"에게 "증거하게" 하시고(13,14절), 『**대적하는 모든 자가 반박하거나 저항하지 못하도록... 구변과 지혜를**』(15절) 그들에게 주실 것이다.

이처럼 "환란 시대의 유대인들"은 "적그리스도의 박해" 속에서 "하나님의 강력한 보호"를 받게 된다. 이로 인해 "대환란"을 통과하면서 "재림"을 간절히 기다릴 "유대인 성도들"에게는 "인내"가 요구되는데, 이에 예수님께서는 『**너희 인내로 너희 혼을 얻으라.**』(19절)라고 말씀하신다. "인내"로 끝까지 견뎌야 "혼"을 얻을 수 있는 것이다. 그래서 "환란 시대"에 구원을 받기 위해서는, "믿음"만 있어서는 안 되고, 그 믿음을 끝까지 지키고, 또 고난을 끝까지 견뎌야 하는 "인내의 행위"도 필요하다(히 6:12; 10:36; 12:1, 약 1:3,4; 5:7,8,10,11, 계 1:9; 2:2,3,19; 3:10; 13:10; 14:12).

■ 새롭게 깨달았거나 적용할 내용이 있다면 적어 보세요. ■

예루살렘의 멸망과 재림에 관한 예언들(20-28절)

『예루살렘이 군대에게 포위되어 있는 것을 보거든 그때는 그 패망이 가까운 줄 알라. 그때 유대에 있는 사람들은 산으로 피하고, 도성 안에 있는 사람들은 시골로 가되, 시골에 있는 사람들은 도성으로 들어오지 못하게 하라. 이는 이 날들이 복수의 날들임이니, 모든 것을 기록된 대로 이루려 하는 것이라. 그 날에는 아이를 밴 사람들과 젖 먹이는 사람들에게 화 있으리라! 이는 그 땅에는 큰 고난이, 이 백성에게는 진노가 있을 것이기 때문이라. 또 그들은 칼날에 쓰러질 것이며, 모든 민족들에게 사로잡혀갈 것이요, 또 예루살렘은 이방인들의 때가 찰 때까지 이방인들에게 짓밟히리라』(20-24절).

"예루살렘의 멸망"에 관한 예언은, "역사적으로" A.D. 70년에 "로마"의 "티투스 장군"이 이스라엘을 쳐들어와서 "예루살렘"을 포위하고 파괴했을 때 성취되었고, "예언의 이중적인 적용"에 따라, 장차 다가올 "환란 시대"에 "적그리스도"에 의해서 "예루살렘 도성"은 한 번 더 포위되고 함락될 것이다(슥 14:1-3, cf. 슥 12:3-9, 사 36:1). 그날은 『**복수의 날들**』(22절)로서, 『**그 땅에는 큰 고난**[대환란]**이, 이 백성에게는 진노가**["야곱의 고난의 때," 렘 30:7] **있을**』(23절) 것이기에, 『**유대에 있는 사람들**』(21절)은 도망쳐야 한다. 특히 "산들"로 피해야 하는데, 주님께서 그들을 "산들"에서 먹이시는 것이다(미 7:14-16, 렘 50:19,20). 물론 주된 "피난처"는 "광야"에 있는 "페트라"(셀라)가 될 것이며, 하나님께서는 "출애굽 당시"처럼 "만나"로 그들을 부양하실 것이다(호 2:14,15, 계 12:1-15).

한편 『**그 날에는 아이를 밴 사람들과 젖 먹이는 사람들에게 화**』(23절)가 있을 것인데, "대환란 기간"에 『**아기들은 내던져져 산산조각날 것이요... 아이를 밴**

여자들은 찢겨』(호 13:16)질 것이기 때문이다(cf. 눅 23:28,29). 또한 『**피난하는 일이 겨울에나 안식일에 일어나지 않도록 기도하라.**』(마 24:20)라는 경고가 주어지는데, 이는 그날에 유대인들 대부분이 신속하게 "피난"(flight)을 가기 위해 "비행기 편"(flight)을 이용하려 할 것이지만, "이스라엘"에서는 "안식일"에 비행기가 뜨지 않기 때문이다. 특히 "바위 성읍"인 "페트라"의 "겨울"은 무척 춥기 때문에, "임산부"나 "아기들"이 추위를 견디기가 매우 어렵다.

또한 "유대인들"은 『**칼날에 쓰러질 것이며**[계 20:4 - "목 베임"], **모든 민족들에게 사로잡혀갈 것이요**[계 18:13, 렘 21:9], **또 예루살렘은 이방인들의 때가 찰 때까지 이방인들에게 짓밟**』(24절)힐 것이다. 『**이방인들의 때**』는 "이방인들에 의해 예루살렘이 짓밟히는 기간"을 의미하는데, "예루살렘"은, 기원전 606년 "바빌론 왕, 느부캇넷살"(단 2:37,38)의 "제1차 침공"으로 짓밟히기 시작한 이래, 지금까지 계속 짓밟혀 왔으며, 그 "짓밟힘"은 대환란 기간에 "적그리스도"에 의해 절정에 달할 것이다. 『**그러나 성전 밖에 있는 뜰은 남겨 두고 측량하지 말라. 이는 그것을 이방인들에게 주었으며 그들이 마흔두 달 동안 그 거룩한 도성을 발아래 짓밟을 것이기 때문이라**』(계 11:2). 그러나 "이방인들의 때"는 결국 끝나게 되어 있다. 이는 예수 그리스도께서 모든 이방 왕국을 진멸하시고, 이 땅에 "영원히 멸망하지 않는 왕국"을 세우실 것이기 때문이다(단 2:44).

■ 새롭게 깨달았거나 적용할 내용이 있다면 적어 보세요. ■

『해와 달과 별들에는 표적들이 있을 것이며, 땅에는 민족들이 혼란 중에 괴로워하며 바다와 파도가 노호하리라. 이 땅에 앞으로 무슨 일이 일어날 것인가를 생각하면, 사람들의 마음은 두려움으로 인하여 실신할 것이라. 이는 하늘의 권능들이 흔들릴 것이기 때문이라. 그때 사람들은 인자가 구름을 타고 권세와 큰 영광으로 오는 것을 보리라. 그러나 이런 일이 일어나기 시작하면 위를 보고 너희의 머리를 들라. 이는 너희의 구속이 가까이 왔음이라."고 하시더라』(25-28절).

예수 그리스도의 "재림" 직전, 곧 "대환란 끝 무렵"에 **『하늘의 권능들이 흔들릴 것』**(26절)인데, 이 "엄청난 재앙" 앞에 **『두려움으로 인하여 실신할』**(26절) 사람들이 많을 것이다. "천체들의 무서운 변화와 격동"으로 인해, 땅에 거하는 수많은 죄인들이 "공포와 두려움" 속에 절망하는 것이다(눅 23:30, 계 6:12-17). 바로 그때 "인자"이신 주 예수 그리스도께서 **『구름을 타고 권세와 큰 영광으로』**(27절) "하늘"에서 내려오실 것이다. **『인자가... 하늘의 구름을 타고 오는 것을 보리라』**(막 14:62). **『보라, 그가 구름들과 함께 오시리니, 모든 눈이 그를 볼 것이며, 그를 찌른 자들도 볼 것이요, 또한 땅의 모든 족속이 그로 인하여 애곡하리라. 그대로 되리로다. 아멘』**(계 1:7).

이런 일이 일어날 때 "이스라엘 백성"은 "민족적으로" 구속받고 회복될 것인데, 이에 예수님께서는 **『이런 일이 일어나기 시작하면 위를 보고 너희의 머리를 들라. 이는 너희의 구속이 가까이 왔음이라.』**(28절)라고 말씀하신다. 환란 시대가 끝나갈 무렵, 유대인들은 "대대적인 회개"를 할 것이고, 바로 그때 재림하시는 예수 그리스도께서 이스라엘 민족을 "용서"하시고 "구속"하실 것이다. **『내가 짙은 구름 같은 네 허물들을, 구름 같은 네 죄들을 지워 버렸으니 내게로 돌아오라. 이는 내가 너를 구속하였음이라... 이는 주가 야곱을 구속하셨고 이스라엘로 자신을 영화롭게 하셨음이니라』**(사 44:22,23).

무화과나무의 비유(29-33절)

『또 그들에게 비유로 말씀하시기를 "무화과나무와 모든 나무들을 보라. 그것들이 싹을 내면 너희가 보고 이제 여름이 가까운 줄 너희 자신이 아느니라. 너희도 그와 같이 이런 일이 일어나는 것을 보면 하나님의 나라가 가까운 줄 알라. 진실로 내가 너희에게 말하노니, 이 세대가 지나가기 전에 이 모든 일이 이루어지리라. 하늘과 땅은 없어져도 내 말들은 결코 없어지지 아니하리라』(29-33절).

위 본문에서 "무화과나무"는 "이스라엘"을 상징하고 "나무들"은 "왕들" 또는 "왕국들"을 상징한다(판 9:7-15, 단 4:20-22, 겔 15:6; 17:1-24; 19:10-14; 31:1-18). 초림 당시, "열매는 없고 잎만 무성한 무화과나무," 곧 자기들의 "메시아"를 십자가에 못 박아 죽인 "이스라엘 민족"은 완전히 저주를 받았었다(마 21:18,19). 이로 인해 『**뿌리로부터 말라**』(막 11:20) 버려 "소생 불가능한 민족"이 되었는데, 그런 "무화과나무"에 『**싹**』(30절)이 나고 『**가지가... 유연해지고 잎이**』(막 13:28) "나온다"는 것은, "완전히 저주받은 이스라엘"이 기적적으로 다시 회복되는 것을 보여 준다.

특히 "무화과나무"가 "싹"을 내되, 『**그것들**』(30절), 곧 『**무화과나무와 모든 나무들**["왕국들"]』이 함께 "싹"을 낼 것인데, 다시 말해 "모든 민족들"이 함께 모여 "이스라엘"을 "한 국가"로 회복시켜 주는 것이다. 실제로 "민족들의 연합 기구"인 "국제연합"(UN)은, 1948년 5월 14일에 "이스라엘"이 그들의 본토에서 "독립 국가"로 세워질 수 있도록 도와주었다. "모든 나무들," 곧 "모든 민족들"이 "이스라엘"을 상징하는 "무화과나무," 즉 "저주받은 무화과나무"가 "싹"을 낼 수 있도록 힘을 보탠 것이다.

한편 예수님께서는 『**이런 일이 일어나는 것을 보면 하나님의 나라가 가까운 줄 알라.**』(31절)라고 말씀하셨는데, "이스라엘이 그들의 본토로 돌아와 국가로 세워지면서, 싹을 내고 유연한 가지와 잎을 내기 시작하는 것"을 보면, 이 땅에 "왕국이 세워질 시기," 곧 "재림의 때"가 얼마 남지 않았다는 것을 알라고 하신 것이다. 그래서 1948년에 이스라엘이 독립한 것을 지켜본 세대는 예수 그리스도의 재림을 실제로 보게 될 가능성이 매우 높다. 왜냐하면 『**이 세대가 지나가기 전에 이 모든 일이 이루어**』(32절)질 것이기 때문이다. 다시 말해 『**이 세대**』, 곧 "이스라엘의 독립을 본 세대"는 『**이 모든 일**』, 즉 "세상 끝에 일어날 모든 사건과 표적들," 그러니까 "대환란과 재림에 관한 모든 일들"(8-28절)이 이루어지는 것을 "실제로 목도할 가능성"이 매우 높은 것이다. 물론 우리는 "재림의 시기"를 확정할 수 없다. "분명한 것"은 그날이 무척 임박해 있다는 것이고, 또 그날은 반드시 온다는 사실이다. 이는 예수 그리스도께서 『**하늘과 땅은 없어져도 내 말들은 결코 없어지지 아니하리라.**』(33절, cf. 시 12:6,7)라고 말씀하셨기 때문이다.

재림을 기다리는 성도의 자세(34-36절)

『너희는 스스로 주의하라. 그리하여 어느 때라도 너희 마음이 방탕과 술 취함과 이생의 염려로 무겁게 되어 그 날이 갑자기 너희에게 임하지 않게 하라. 이는 그 날이 온 땅에 거하는 모든 사람 위에 덫처럼 임할 것이기 때문이라. 그러므로 깨어서 항상 기도하라. 그래야 장차 일어날 이 모든 일에서 피하고, 또 인자 앞에 서기에 합당하게 여겨질 것이라."고 하시더라』(34-36절).

예수 그리스도의 "재림의 날"은 무척 임박해 있다. 따라서 우리는 그날을 간절히 기다리며 "깨어 있어야" 한다. 이를 위해서는 가장 먼저 『**스스로 주의하라.**』(34절)라고 예수님께서 명령하신다. "자기 자신"에게 주의하라는 것이다! "세상의 빛"이신 예수 그리스도께서 이 땅에 계시지 않는 어두운 밤에 "마음"이 무거워지지 않도록 주의해야 한다. 주의하되, 특히 "방탕"과 "술 취함"과 "이생의 염려"를 주의해야 한다(눅 8:14; 17:28). 이런 것들로 "마음"이 무거워져서는 안 된다. "사도 바울"은 『**낮에와 같이 단정히 행하고 흥청거리거나 술 취하지 말며 음란하거나 방탕하지 말며 다투거나 시기하지 말고 오직 주 예수 그리스도로 옷입고 정욕을 채우려고 육신을 위해 계획하지 말라.**』(롬 13:13,14)라고 권면했다. 다시 말해 『**깨어서 항상 기도**』하고, 『**인자 앞에 서기에 합당하게 여겨질**』 수 있는(36절) 성도로 발견되어야 하는 것이다.

이제 예수님께서는 "밤"에 "예루살렘"을 나가셔서 "올리브 산"에 있는 "겟세마네 동산"으로 가시어 밖에서 주무신다. 『**주께서 낮에는 성전에서 가르치시고, 밤에는 나가셔서 올리브 산이라고 하는 산에서 거하시더라. 모든 백성이 주의 말씀을 들으려고 이른 아침에 성전에 계신 주께로 나아오니라**』(눅 21:37,38). 우리가 오늘 아침 이 자리에 앉아 있는 이유는 『**주의 말씀**』을 듣기 위해서이다. 왜 『**주의 말씀**』을 들으려 하는 것인가? 『**주의 말씀**』을 사랑하기 때문이다. 그래서 우리가 하나님의 말씀을 읽든지, 듣든지 간에 그 말씀 앞에 가만히 앉아 있는 것은 "하나님을 향한 사랑의 발로"이다. "마르다"처럼 영원히 지속되지 않는 많은 일로 염려하면서 경황이 없을 만큼 분주하게 살지 말고, "마리아"처럼 주님 곁에 가만히 앉아 『**주의 말씀**』을 들어야 한다. 이것이야말로 재림을 기다리는 성도에게 "가장 소중한 일"이라는 것을 잊지 말기 바란다.

NOTES

NOTES

제4과
예수 그리스도의 피로 맺은 새 언약(22장)

『또 빵을 가지고 감사를 드린 후, 떼어 그들에게 주며 말씀하시기를 "이것이 너희를 위하여 주는 나의 몸이니 이것을 행하여 나를 기억하라."고 하시고 저녁 식사 후에 잔도 이와 같이 하여 말씀하시기를 "이 잔은 나의 피로 된 새 언약이니, 이는 너희를 위하여 흘리는 것이라』(눅 22:19,20).

예수 그리스도를 제거하려는 음모(1-6절)

1절의 『**무교절**』은 유월절 이후에 시작되는 7일 간의 무교절에 해당하는 날이(레 23:5,6) 아니다. 그럼에도 여기 1절에서 유월절이 『**무교절**』로 불리는 이유는 그날에 유월절 양을 누룩 없는 빵과 함께 먹었기 때문이다(출 12:8,18, 민 9:11, 신 16:2,3). 이 사실은 매우 중요한데 킹제임스성경을 비평하는 학자들이 사도행전 12:4 말씀의 『**이스터**[Easter]』란 단어를 "**번역상의 오류**"라고 주장하면서 "**유월절**"(Passover)이 올바른 번역이라고 주장하기 때문이다. 그러나 사도행전 12:4은 유월절이 될 수 없다. 왜냐하면 사도행전 12:3에서 『**그 때는 무교절 기간이더라**[Then were the days(복수) of unleavened bread].』라고 말씀하시면서 이 무교절이 유월절 이후에 시작되는 7일간의 무교절에 해당되는 날이라는 사실을 알려 주고 계시기 때문이다. 즉, 유월절에 해당하는 『**무교절**[the day(단수) of unleavened bread]』은 이미 지나가 버린 것이다(레 23:5,6). 따라서 사도행전 12:4에서 『**이스터**』라는 번역은 정확하며 이는 분명 『**아스타롯**』(판 2:13; 10:6, 삼상 7:3, 왕상 11:5, 왕하 23:13)을 숭배한 이교도의 축제일임을 알 수 있다. 이 『**이스터**』가 7일간의 무교절 기간에 있었던 것으로 이 단어는 "**결코**" 유월절을 의미하지 않는다.

사탄은 유다 이스카리옷 안으로 "**두 번**" 들어가게 되는데 3절에서 사탄은 첫 번째로 유다의 안으로 들어가 선임 제사장들과 약정을 맺고 그리스도를 "**배반하도록 충동**"한다. 그리고 요한복음 13:27에서 최후의 만찬 때 두 번째로 그에게로 들어가 "**그 배반을 실행에 옮기도록**" 한다. 성경에서는 이처럼 마귀 들린 여러 사례들을 볼 수 있다. 그중에서 아나니아의 사례는 특히 주목해볼 필요가 있다(행 5:3). 사탄이 아나니아의 마음을 가득 채워 『**성령께 거짓말하게**』 만든다. 이는 그리스도인들도 "**사탄으로도 채워질 수 있다**"는 것을 말해 준다.

그러나 은사주의자들은 마치 사탄이 그리스도인을 전혀 지배할 수 없다는 듯이 요한일서 4:4을 인용한다. 『**너희 안에 계신 분이 세상에 있는 자보다 더 크시기 때문이라.**』 그러나 사도 요한은 지금 사실 자체를 언급하고 있을 뿐이다. 믿는 성도는 "**위치상으로**" 세상을 이긴 사람인데, 이는 그 안에 성령께서 살아 계시기 때문이다. 하지만 "**현실적으로는**" 별개의 문제인데, 그리스도인이라 할지라도 세상을 사랑할 수 있고(요일 2:15) 하나님의 원수가 될 수 있다(약 4:4). 자신의 몸의 지체들을 불의에 내어 줄 수 있으며(롬 6:13) 죄의 종이 될 수 있다(롬 6:16). 또한 『**사탄을 따라 길을 잘못**』 들 수 있고(딤전 5:15) 그 육신을 멸망하도록 하기 위해 『**사탄에게 넘겨**』줄 수도 있다(고전 5:5). 아무리 성령께서 내주하고 계신다 하더라도 그리스도인이 자신의 몸과 마음에 대한 통제권을 사탄에게 넘겨줄 수 있는 것이다.

유다는 선임 제사장들과 『**은 삼십 개로**』(마 26:15) 주님을 넘겨주기로 한다. 유다는 예수님을 종의 몸값(출 21:32)과 서원한 여인의 정한 값(레 27:4)으로 배반한 것이다. 그렇게 그는 스카랴 11:13의 말씀을 성취한다.

마지막 유월절 준비와 주의 만찬(7-20절)

유월절을 위한 준비는 화요일 오후 6시에 시작되어 수요일 오전 6시까지 이어진다. 따라서 7절의 시점은 "**화요일 저녁**"이다. 예수님께는 이후로 유월절 만찬을 먹을 장소를 찾는 것과 관련하여 자세하게 예언하신다(10-13절). 그리고 그 예언대로 이루어져 제자들이 유월절을 지내기 위한 준비를 마친 이후에 주님께서는 『**내가 너희에게 말하노니, 이 유월절이** 하나님의 **나라에서 이루어지기까지는 내가 그것을 다시 먹지 아니하리라.**』(16절)라고 말씀하신다. 십자가에서 고난을 당하시고 죽으심으로써 유월절 양으로서의 그분의 역할을 완수하시기 전까지(요 1:29, 고전 5:7) 예수님께서는 그 어떤 것도 드시지 않으시겠다고 말씀하신 것이다. 하지만 그 역할을 모두 완수하시고 부활하신 이후에는 제자들과 함께 드신다(눅 24:30,41-43). 이는 그분께서 "**몸으로**" 부활하셨다는 『**무오한 증거들**』(행 1:3) 가운데 하나이다.

17-20절은 로마카톨릭이 "**미사**"(Mass)라고 부르는 그들의 이교도적인 실행을 위한 증거 구절로 삼고 있는 말씀이다. 이들이 행하는 종교 의식으로써의 미사는 "**피 없이 행해지는 희생 제사**"이다. 특히 미사의 핵심이라고 할 수 있는 성체 성사에는 성체포, 성작 수건, 미사 경본 등이 놓여 있는 제대(제단) 위에서 "**제병**"(祭餠)이라는 제물을 바치고 나눠 먹는 일정한 종교적 의식과 행위들이 포함된다. 성체 성사 때 쓰는 제병이라는 말은 제사 때 사용할 빵이라는 뜻이 있고 라틴어로는 "**호스티아**"(Hostia)라고 하는데 이 말에는 "**희생 제물**"이라는 뜻이 있다. 그래서 제병은 "**제사에 봉헌된 희생제물**"인 것이다. 더군다나 떼어낸 빵이 아닌 태양을 상징하는 천편일률적인 둥근 모양 자체부터 비성경적인데 그마저 포도주는 마시지 않고 제병만을 받아먹는다. 예수 그리스도께서는 주의 만찬의 의식으로 빵과 포도주를 먹고 마시라고(마 26:26-28, 막 14:22-24, 눅 22:17-20, 고전 11:26) 말씀하셨기 때문에 빵과 포도주를 같이 해야 한다는 원칙을 강조하기는 하지만 다른 한쪽에서는 빵이나 포도주 어느 하나만 가지고서도 충분히 성체 성사를 할 수 있다고 가르치고 있는 것이다(로마카톨릭 교회법, 제925조, 카톨릭교회교리서, 1390항). 예수 그리스도께서는 『**주께서 그들에게 대답하여 말씀하시기를 "너희는 또한 어찌하여 너희 전통으로** 하나님의 **계명을 어기느냐?... 그렇게 해서 너희는 너희 전통으로** 하나님의 **계명을 폐기시키고 있는 것이라... 사람들의 계명들을 교리들로 가르치니, 그들이 나를 헛되이 경배하는도다.'라고 하였느니라."고 하시더라.**』(마 15:3,6,9)라고 그들이 하나님의 계명을 버리고 인간의 전통을 지키는 자들임을 정확히 지적해 주고 계신다.

특히 피 없는 희생제로서 미사의 중심에 있는 성체 성사는 화체설이라는 희한한 교리에 의해 이루어지고 있다. 화체설은 동그랗게 생긴 제병에 신부가 축성하면 이 제병이 실제적인 예수 그리스도의 살이 된다는 교리다. 즉 로마카톨릭 교도들은 성체 성사를 통해 영성체를 하면서 예수 그리스도의 몸으로 변한 실제 살을 받아먹고 있는 것이다. 더군다나 이러한 희생 제사를 매주 일요일마다 반복하고 있는 것이다. 이에 대해 사도 바울은 "**예수 그리스도께서 한 번의 효과적인 속죄제**"를 드리셨고(히 10:12) 이방인 사제에 의해 드려지는 어떤 다른 희생 제사도 『**마귀들에게 하는 것**』(고전 10:20)이었다고 말했다. 따라서 주의 만찬은 미사가 아니며, 미사 역시 주의 만찬이 아니다. 주의 만찬은 『**주의 잔**』과 『**주의 식탁**』인 반면, 미사는 『**마귀들의 잔**』과 『**마귀들의 식탁**』이다(고전 10:21). 『**마귀들의 잔**』은 발효된 술인 반면, 『**주의 잔**』은 『**포도 열매**』(눅 22:18)이다. 그 열매는 『**새 포도주**』(사 65:8)로서 『**포도의 순수한 피**』(신 32:14)로 불린다. 그것은 포도 한 송이로부터 잔에다 직접 즙을 짜서 얻어진다(창 40:11). 그것은 로마카톨릭 미사의 포도주, 곧 『**용의 독이요, 독사들의 지독한 독**』(신 32:33)과는 반드시 구별되어야 한다. 왜냐하면 그것은 알코올이 든 술이기 때문이다(잠 23:31,32).

주의 만찬에서 빵과 포도주는 "비유적"이다. "문자적인 것이 아니다." 예수 그리스도께서 요한복음 6:54에서 자신의 살을 먹고 피를 마시는 자는 누구나 영원한 생명을 갖고 마지막 날에 다시 살리라고 말씀하셨을 때, 그 이야기를 들었던 많은 유대인이 실족했다. 예수님께서 요한복음 6장에서 하셨던 비유의 말씀을 비유로 받아들이지 않고 문자적으로 받아들였기 때문이다. 하지만 예수님께서 내 살을 먹고 피를 마시라고 말씀하신 것은, 실제로 자신의 살과 피를 먹고 마시라는 말씀이 아니셨다. 예수님께서는 먹는 것은 믿는 것이라는 사실을 강조하셨다(요 6:29,47-51). 특히 요한복음 6:63에서 『**살리는 것은 영이니, 육은 전혀 무익하니라. 내가 너희에게 한 말들은 영이요, 생명이라.**』라고 말씀하시면서 예수님께서 자신의 실제 살과 피를 먹고 마시라고 말씀하신 것이 아니라는 사실을 다시금 강조하셨다. 하지만 로마카톨릭은 비유적으로 해석해야 할 말씀을 문자적으로 해석하는 오류를 저지르며 전 세계 약 19억 명의 로마카톨릭 교인들을 지옥으로 내몰고 있다. 그러면서 매 주일 광란의 사육제를 즐기고 있는 것이다.

주를 배반할 자에 관해 말씀하심(21-23절)

이제 주님께서 배반할 자에 관해 말씀하시자 『**그러자 그들은 자기들 중에서 누가 그 일을 행할까 하여, 그들 가운데서 묻기 시작하더라**』(23절). 열 명의 제자들이 『**주여, 그가 나니이까?**』(마 26:22)라고 묻는다. 하지만 두 명의 제자는 그런 질문을 하지 않는데 바로 요한과 유다다. 요한은 예수님께 『**주여, 그가 누구니이까?**』(요 13:25)라고 물었다. 그 문제에 있어서 마음이 떳떳했고, 또 자신이 배반자가 아니라는 것을 알고 있었기 때문이다. 반면에 유다는 예수님을 『**선생님**』이라고 부르면서 『**그가 나니이까?**』(마 26:25)라고 묻는다. 유다는 예수님을 『**주**』라고 하지 않고 한결같이 『**선생님**』이라고 불렀던 유일한 제자였다(마 26:25,49, 막 14:45). 유다는 한 마귀로서(요 6:70) 고린도전서 12:3의 고백을 할 수 없었으니, 이는 『**성령에 의하지 아니하고는 누구라도 예수를 주라고 말할 수**』 없기 때문이다(고전 12:3). 그런데 "미사"를 행하는 바로 그 식탁에 유다가 앉아 있었다(21절). 로마카톨릭의 주장에 따르면 미사에 참여한 유다는 "구원받은 마귀"가 된다.

제자들의 질문에 대해 예수님께서 하신 답변은(마 26:23) 제자들에게 전체적으로 하신 것이 아니고 "요한"에게 개인적으로 주신 답변이다(요 13:26). 그리고 빵 조각을 적셔서 유다에게 주신다(요 13:26). 유다는 예수님께 『**선생님,**

그가 나니이까?』라고 묻고, 예수님께서는 그에게 『**그렇도다.**』라고 말씀하신다(마 26:25). 유다가 그 빵 조각을 받자마자, 사탄이 두 번째로 유다에게 들어간다. 바로 그때 예수님께서는 유다에게 『**네가 하는 일을 속히 행하라.**』(요 13:27)라고 말씀하시고, 유다는 주를 배반하기 위해 자리를 떠나게 된다(요 13:30).

누가 큰 자인가에 대한 다툼(24-30절)

제자들이 왕국에서 누가 가장 큰 자인가에 관해 논쟁하자 예수님께서는 그들에게 왕국에서 크게 되기 위해서는 섬기는 "종들"이 되어야 한다는 사실을 "좋은 본보기"를 통해 제시하신다. 바로 그들의 더러운 발을 씻기셨던 것이다(요 13:14-16). 예수님께서는 『**앉아서 먹는... 더 큰**』 분이셨으나 『**섬기는 자**』가 되신 것이다(27절). 성경은 그리스도께서 『**자신의 영예를 버리고 종의 형체를**』 입으셨다고 말씀한다(빌 2:7). 이는 그리스도인이 따라야 할 본으로 주님께서 정해 두신 것이다.

『**이방 나라의 왕들이 그들에게 주권을 행사하며, 또 그들에게 권력을 행사하는 자들은 공로자들이라 불리려니와 너희는 그렇게 되지 말고**』(25,26절). 이 말씀은 로마카톨릭은 "그리스도의 교회"가 아니라는 것을 보여 준다. 그들이 주장하는 바 "최초의 교황"인 베드로 또한 장로들에게 『**하나님께서 맡겨 주신 자들을 지배하려 하지**』 "말라"고 가르쳤기 때문이다(벧전 5:3). 그럼에도 불구하고 교황들은 그 누구라도 "이방 국가의 수장"으로서 "보좌"에 앉아 "삼중관"을 쓰고 예수 그리스도께서 하지 말라고 하신 바로 그 일을 하고 있다. 성경대로 믿는 기독교에 관한 한, 성경은 국가 교회들이나 교회 국가들과 아무런 관계가 없다.

이제 주님께서 『**너희는 내가 겪는 시험에 나와 함께 있던 자들이니라.**』(28절)라고 말씀하실 때, 그 대상은 예수님을 배반하기 위해 이제 막 자리를 떠난 유다를 제외한 제자들이다. 주님께서는 아버지께서 맡기신 그분의 왕국에서 제자들의 충성심에 대한 보상을 주시겠다고 약속하신다(29,30절). 여기에서 왕국은 물리적인 천국인데(계 11:15), 이러한 사실은 30절 후반부에서 분명해진다(마 19:28). 하지만 문맥적으로 보면 하나님의 나라를 가리킨다. 이는 두 왕국이 같다는 것을 의미하는 것이 아니라 그리스도께서 재림하실 때에는 그 두 왕국 "**모두**"의 왕으로서 오시기 때문이다. 그래서 사람들이 그분의 『**왕국**』, 곧 영적인 왕국에서 그분의 『**식탁에서 먹고 마시며**』 할 수 있는 것이다(30절, cf. 18절, 눅 14:15).

베드로의 부인을 예언하심(31-38절)

이제 예수 그리스도께서는 베드로에게 주님을 부인하게 될 것에 관해 경고하신다. 『**사탄이 너희를 밀처럼 키질하려고 찾았느니라**』(31절). 베드로는 지금 욥처럼 하나님과 마귀가 동시에 역사하고 있는 상황에 놓여 있다. 사탄이 예수 그리스도에 대한 베드로의 사랑과 충성심을 제거하려 하는 동안, 주님께서는 베드로에게 역사하셔서 그의 앞을 가로막고 서 있는 사탄을 제거하려 하시는 것이다.

주님께서 사탄이 당신을 시험하도록 허락하실 때는 당신의 인생에 끼어 있는 불순물을 제거하시는 데 목적이 있으신 것이다. 욥은 『**그가 나를 연단하시면 내가 금같이 나오리라.**』(욥 23:10)라고 말했다. 베드로는 사탄의 시험의 불을 통과한 후에 이렇게 말한다. 『**사랑하는 자들아, 너희를 연단시키는 불 같은 시련에 관하여 너희에게 어떤 이상한 일이 일어나는 것처럼 이상하게 여기지**

말고 도리어 너희가 그리스도의 고난에 참여하는 자들이 되는 것이니 즐거워하라. 이는 그의 영광이 나타나실 때에 너희도 큰 기쁨으로 즐거워하게 하려 함이니라』(벧전 4:12,13). 그리스도인은 그리스도를 위해 시련을 당하게 된 것에 대해 기뻐할 수 있다. 게다가 그 시련을 성공적으로 통과한다면 그리스도께서 그리스도의 심판석에서 당신에게 보상해 주실 것이기에 또한 기뻐할 수 있는 것이다(살전 2:7,8, 약 1:12). 더군다나 주님께서는 『**그러나 네 믿음이 약해지지 않도록 내가 너를 위하여 기도하였으니**』(32절)라고 말씀하신다. 바로 주님께서 당신이 시련을 성공적으로 통과하게 해 달라고 하나님 아버지께 중보하시는 것이다(히 7:25, 롬 8:26,27, 요 17:9,20).

이런 가운데 주님께서는 베드로에게 『**네가 회심하게 되면 네 형제들을 굳게 하라.**』(32절)라고 말씀하신다. 마태복음 16:16,17에서 베드로는 예수님을 그리스도라고 고백했을 때 회심했지만, 구약에서의 "**회심**"은 신약에서의 회심과 같지 않다. 신약에서의 회심은 "**영원한**" 것이다(롬 8:38,39, 빌 1:6). 신약에서는 당신이 그리스도께로 회심한 것을 근거로 당신의 목적지가 "**확고하게**" 정해졌다(롬 8:29). 하지만 구약에서는 그렇지 않다(시 51:11). 본문의 시점에서는 베드로가 율법하에 있는 구약 성도로서 그가 주를 부인했을 때 그는 구원이 아닌(요 17:12) 제자의 신분을 잃어버리게 된다(막 16:7). 베드로는 그의 주님을 부인함으로써 제자의 신분을 잃어버렸기에 요한복음 21장에서 그 신분을 다시 회복해야 할 필요가 있었던 것이다.

베드로의 문제는 그리스도를 향한 사랑의 결핍이 아니었다. 그는 그의 믿음을 결코 잃어버리지 않았다. 문제는 베드로는 싸우기를 원했는데, 주님께서는 그가 싸우는 것을 허락하지 않으신 것에 있다(요 18:11). 이때 베드로는 예수님께 화가 난 것이다. 주님께서는 『**또 칼이 없는 사람은 자기의 겉옷을 팔아서라도 살지니라.**』(36절)라고 말씀하시며 제자들에게 칼이 없으면 칼을 사라고 하셨다. 이에 제자들은 이렇게 말씀드린다. 『**주여, 보소서, 여기 칼 두 자루가**

있나이다』(38절). 베드로는 그 칼들 중 하나를 소유하고 있었다(요 18:10). 그는 주님께서 자기에게 하라고 말씀하신 것을 하고 있다고 생각했었다. 왜냐하면 그가 위 구절에서 예수 그리스도께 자신의 칼을 보여 드렸을 때, 예수 그리스도께서는 그에게 『**충분하도다.**』(38절)라고 말씀하셨기 때문이다.

베드로는 예수 그리스도를 위해 죽기까지 싸울 준비가 되어 있는 반면, 예수님께서는 그에게 『**네 칼을 칼집에 꽂으라.**』(요 18:11)라고 말씀하신다. 베드로는 주님께서 하신 뜻밖의 말씀으로 인해 너무 놀라 온몸이 경직된다. 그는 싸울 수 없었고, 이제 병사들이 그를 잡기 위해 다가오자 그는 달아난다. 도망가던 그는 그 일로 인해 자기 자신을 증오하게 된다. 자기가 달아났다는 것 때문에 자신을 증오하고, 또 자신을 그렇게 만드신 주님을 증오하게 된 것이다. 그래서 그가 불을 쬐던 바로 그 자리에서 주님을 저주하게 되는 것이다. 마귀는 예수님에 대한 베드로의 사랑을 가져다가 왜곡시켜서 괴로운 상황에 직면하게 만들어 버렸으니, 마귀의 교묘함이란 늘 그런 식인 것이다(눅 4:5,6).

35절에서 예수 그리스도께서는 누가복음 9:2에서 제자들에게 주셨던 가르침을 변경하신다. 그 이유는 십자가로 가실 것이기 때문인데(37절), 궁극적으로는 아버지께로 돌아가시는 것이다(요 14:28). 예수 그리스도께서 떠나신 후에 사도들이 전파할 대상은 『**이스라엘 집의 잃어버린 양**』(마 10:6)에게만 국한되지 않을 것이다. 그들은 이스라엘 땅을 벗어나 이방인들에게로 가게 될 것이다. 그런데 이방인들은 자기들의 메시아를 기다리는 유대인들 같은 유대인 사도들에게 필요한 것들을 공급해 주지 않을 것이다. 그런 과정에서 유대인 사도들에게는 돈과 의복이 필요할 것이고, 강도 및 노상강도들로부터 자신을 보호하기 위한 무기가 필요할 것이다. 칼은 자기 방어용이었지, 『**권세**』(롬 13:1)를 전복시키기 위한 것이 아니었다.

37절은 이사야 53:12에서 인용된 구절이다. 37절의 『**끝**』은 그리스도의 초림에 관한 구약 예언들이 성취되는 것에 관한 언급이다.

겟세마네에서의 기도(39-46절)

『**주께서... 늘 하시던 대로**』(39절, cf 눅 21:37) 올리브 산에서 가셨던 장소는 겟세마네 동산이었다(막 14:32). 요한은 『**예수께서 자주 그곳으로 제자들과 함께 다니셨**』다고 말한다(요 18:2). 그들이 도착하자, 예수님께서는 제자들에게 『**시험에 들지 않도록 기도하라.**』(40절)라고 말씀하신다. 그리고 그 자리에 여덟 명의 제자들을 남겨 두고 기도하러 가신다. 예수님께서는 베드로와 야고보와 요한을 조금 떨어진 곳으로 데리고 가시고, 또 거기에다 그들을 두시고 깨어 있으라고 하시면서 그동안 더 멀리 가셔서 홀로 기도하신다(막 14:33-35). 누가는 예수님께서 『**돌을 던지면 닿을 만한 거리**』로 가셨다고 말한다(41절). 대략 15m 정도 되는 거리인 것이다.

42절에서 예수님께서는 누가복음 11:2에서 유대인 제자들에게 가르치셨던 것처럼 『**우리 아버지**』라고 기도하지 않으신다. 즉 이것은 "**민족적인**" 아들(출 4:22)의 "**민족적인**" 기도가 아니라, 하나님의 『**독생자**』(요 1:18)의 "**개인적인**" 기도인 것이다. 그리고 예수님께서는 친히 세상의 죄들을 짊어지시기 시작하신다. 여기서 『**잔**』은 결코 죽음이나 죽는 것을 의미하지 않는다. 『**잔**』은 육체의 죽음과 아무런 관련이 없었다. 그 『**잔**』은 죄에 대해 쏟으시는 하나님의 진노이다(렘 25:15, 시 75:8, 사 51:17,22).

지금 누가는 예수님께서 기도하셨다는 사실을 두 번만 기록하고 있으나, 마태와 마가는 주님께서 "**세 번**" 기도하셨다는 사실을 밝히고 있다(마 26:44, 막 14:41). 각 기도 사이에 예수님께서는 베드로와 야고보와 요한에게로 돌아오셔서 그들이 잠자고 있는 것을 보시게 된다. 주님께서는 제자들이 『**시험에 들지 않도록**』(40,46절) 기도하라고 하셨다. 여기에서 시험은 주님으로 인해 실족하게 되는 것과 그분께서 붙잡히실 때 그분을 버리는 것을 의미한다(마 26:31).

제자들은 그런 시험에서 피할 수 있는 길을 위해 기도했어야 했지만(고전 10:13), 피곤한 나머지 깨어 있을 수가 없었다(마 26:43). 베드로는 감옥과 죽음에라도 주님과 함께 가겠다고 자랑하는 대신에, 그리스도를 부인하지 않게 해 달라고 기도를 했어야 하는 것이다(34절). 예수님께서는 그들에게 마지막으로 오셔서 그들이 자고 있는 것을 보시고 이렇게 말씀하신다. 『**이제는 자고 쉬어라. 보라, 그 시간이 가까웠으니** 인자**가 죄인들의 손에 넘겨지리라**』(마 26:45). 주님께서는 유다가 그분을 배반하기 위해 나타날 때까지 다시는 그들을 깨우지 않으신다(마 26:46).

배반당하시고 붙잡히심(47-53절)

장로들의 공회인 산헤드린은 예수님을 붙잡기 위해 『**무리**』를 보낸다(47절). 마태와 마가는 그 무리에 대해 『**큰 무리**』(마 26:47, 막 14:43)라고 기록한다. 유다는 큰 무리의 무장한 사람들을 안내하고 있다. 그리고 그들이 어둠 속에서 붙잡아야 할 사람을 제대로 식별하게 하기 위해 유다는 그들에게 『**내가 입맞추는 사람이 바로 그니, 붙잡**』으라고 『**표시**』를 정해 준다(마 26:48, 막 14:44). 이것이 바로 "대부"와 같은 영화들에서 볼 수 있는 마피아의 "죽음의 키스"이다. 예수님께서는 『**유다야, 네가 입맞춤으로** 인자**를 배반하느냐?**』(48절)라고 물으신다. 누가는 이 시점에서 『**그때 주위에 있던 사람들이 일어나는 일들을 보다가 주께 말씀드리기를 "주여, 우리가 칼로 치리이까?"라고 하더라.**』(49절)라고 말하고 있다. 모든 제자들이 그 질문을 했다고 볼 수는 없지만 적어도 그들을 대변해서 말하고 있는 사람이 누구인가에 대해서는 거의 의심할 여지가 없다. 그는 "시몬 베드로"인데, 이는 그가 자기 칼을 빼서 『**대제사장의 종**』인 말코의 귀를 자른 사람이기 때문이다(요 18:10). 하지만 예수님께서는 『**이제**

그만하라.』(51절)라고 말씀하신다. 아울러 그의 귀를 만져서 고쳐 주신다. 예수님께서 이제 그만하라고 말씀하신 것은 곧 "그들이 나를 데리고 가도록 하라."라는 뜻이다.

예수님께서는 그 상황을 진정시키신 이후에 그 무리를 이끄는 지도자들에게 다음과 같이 말씀하신다. 『**너희가 강도에게 하듯이... 나왔느냐? 내가 매일 성전에서 너희와 함께 있었으나 너희가 나를 잡으려고 손을 내밀지 아니하였도다**』(52,53절). 자, 관원들은 요한복음 7:44-46에서 그렇게 하려고 해 보았지만, 그리스도의 '말씀들'에 사로잡힌 나머지 그 일을 실행할 수 없었다. 그것은 『**아직 그의 때가 이르지 않았기 때문**』이었다(요 7:30; 8:20). 여기 누가복음 22장에서는 마침내 그때가 이르게 되었다. 『**그러나 지금은 너희의 때요, 또 흑암의 권세니라**』(53절).

베드로의 부인(54-62절)

53절에서 그리스도의 말씀이 끝나자 병사들은 예수님을 붙잡아 대제사장의 집으로 끌고 갔다. 그때 제자들은 달아났다(막 14:50). 예수님 당대에는 안나스와 그의 사위인 카야파, 두 명의 대제사장이 동시에 섬기고 있었는데(눅 3:2) 예수님께서는 안나스에게 먼저 끌려가셨다(요 18:13).

이후로 54-62절에서 보게 되는 것은 베드로가 그리스도를 부인하는 내용이다. 그것은 그리스도인이 주님과의 교제에서 떠나는 것을 보여 준다. 먼저 성도가 주님을 "멀리서" 따라가는 것으로부터 시작한다(54절). 베드로는 그리스도를 따르는 데서 오는 비난과 박해를(딤전 4:10, 딤후 3:12) 당하지 않으려고 너무 가까이 따라가지 않는다. 그리고는 불 주위에 둘러서 있는 종들과 병사들의 무리와 더불어(55절, 요 18:18) 앉는다. 이것이 바로 베드로의 타락에서 볼 수 있는 그 다음 단계였다. 그는 마귀의 불을 쬐면서 구원받지 않은 사람들과 교제하고 있었던 것이다. 이들은 그 동산에서 예수님을 잡기 위해 왔던 바로 그 사람들이었는데(요 18:26), 지금 베드로는 그들과 함께 앉아 불을 쬐고 있는 것이다. 베드로의 이런 모습은 그리스도인이 예수 그리스도를 몹시 싫어하는 세상(요 15:18,25)과 함께 친교를 나누는 모습에 대한 그림이다.

이제 막 베드로는 그의 주님을 부인하려고 한다. 『**그런데 어떤 여종이... 그를 보고... 말하기를 "이 사람도 그와 함께 있었도다."라고 하니**』(56절). 그러자 베드로는 『**여자여, 나는 그 사람을 알지 못하노라.**』(57절)라고 대답한다. 이 사람은 『**주는 그리스도, 곧 살아 계신** 하나님의 아들』(마 16:16)이라고 고백했던 장본인이다. 그런데 지금은 "**나는 그 사람을 알지도 못한다.**"라고 말하고 있는 것이다.

약 한 시간 후에는 베드로를 빤히 쳐다보고 있던 한 사람이 베드로가 두 번째 부인한 다음에 이렇게 장담하면서 말한다. "**당신은 분명 그의 제자들 가운데 한 사람이다. 당신은 갈릴리 사람이 맞다. 당신의 말투가 그것을 증명한다**"(59절, 막 14:70). 베드로는 자신이 그리스도의 제자들 가운데 하나가 아니라는 사실을 증명하기 위하여 예수 그리스도를 욕하기 시작한다(마 26:74, 막 14:71). 베드로는 구원받지 않은 세상 앞에서 그야말로 제대로 된 간증을 남긴 것이다. 만일에 그날 밤 베드로가 욕하는 것을 들은 소녀와 종들과 병사들이 사도행전 2장에서 오순절 날 그 자리에서 베드로의 설교를 들었다면 어땠을지에 대해 생각해 본 적이 있는가? 세상은 그리스도인인 당신이 어떻게 살고 있는지 유심히 지켜보고 있기에 가능한 한 그들에게 조금의 "**빌미**"도 내줘서는 안 된다.

이제 베드로가 저주하고 나자, 안나스 앞에 서 계셨던 예수님께서는 카야파 앞으로 끌려가시게 된다(요 18:24). 그리고 닭이 울 무렵, 예수님께서는 베드로를 지나치시면서 그를 쳐다보신다(61절). 예수님께서는 아무 말도 하지 않으신다. 하실 필요도 없으시다. 이미 성령께서 베드로에게 역사하고 계신다. 베드로는 예수님의 눈을 쳐다보면서 주님이 『**닭이 울기 전에 네가 나를 세 번 부인하리라.**』라고 하시는 말씀을 기억한다. 그 말씀은 베드로의 마음을 갈가리 찢어놓는다. 그는 흐느껴 울며 관정 밖으로 뛰어나가고, 곧장 겟세마네로 향해 가서 그가 몇 시간 전에 진작 했어야 했던 기도를 하게 된다. 당연히 이번에는 잠들지 않았을 것이다. 동이 틀 무렵에도 그는 여전히 흐느껴 울면서 하나님께 울부짖고 있었다.

대제사장과 공회 앞에 서신 예수님(63-71절)

이제 예수님께서는 카야파 앞에 서 계신다. 물론 전체 공판 과정은 불법적이다. 그것은 그리스도를 유죄 선고를 받고 사형에 처하도록 몰아붙이는 "<u>**인민재판**</u>"으로서 이 재판에서는 "<u>**정의**</u>"라고는 눈곱만큼도 찾아볼 수 없다. 이것은 모세의 율법과 탈무드의 율법 모두를 위반하는 재판이었다. 여기서 주님께서는 그분의 신성을 충분히 사용하실 수 있으셨지만 그렇게 하지 않으신다. 『**자신을 낮추시고 죽음에까지 순종하셨**』(빌 2:8)는데 이는 『하나님의 **은혜로 말미암아 모든 사람을 위하여 죽음을 맛보기 위함이**』(히 2:9)었다.

예수 그리스도를 지키던 자들이 많은 다른 것으로 주님을 모독한다(65절). 주님께서 사역하시는 동안에도 그분의 대적들은 예수 그리스도를 『**사마리아인**』으로 불렀고, 또한 주님께서 『**마귀들렸다고**』 말했다(요 8:48). 그들은 주님께서 『**미쳤**』다고 했으며(요 10:20), 또 『**음행을 통하여**』 태어났다고 말했다(요 8:41). 그들은 "<u>**육신으로 나타나신 하나님**</u>"에 대해 그런 식으로 조롱하고 있는 것이다.

66절에 이르기까지 예수님께서는 두 명의 대제사장들, 곧 안나스와 카야파에게 사적으로 심리를 받으셨다. 그것은 유대인의 법에 따르면 불법이었다. 어떤 사람도 사적으로 심리를 받아서는 안 되었다. 예수님께서는 날이 새자마자 그들의 공회로 끌려가셔서 "네가 그리스도면 우리에게 말하라"는 말을 들으신다(66,67절). 이미 주님께서는 그들에게 요한복음 10장에서 『**분명히**』 말씀하셨다(요 10:24-28). 문제는 그들이 『하나님**께로부터 나오지**』 않았다는 것이며, 그런 이유로 그들은 믿지 않았던 것이다(요 8:46,47). 지금 그들은 요한복음 8,10장에서의 상황보다도 더 주님을 믿을 준비가 안 되어 있었다.

하지만 예수님께서는 예언을 통해 그들에게 답변하신다. 『**그러나 이후에는** 인자**가** 하나님**의 권능의 오른편에 앉아 있을 것이라**』(69절). 다시 말해서 그들이 예수님을 죽인다 해도, 주님께서 시편 110:1의 말씀을 성취하시는 것을 막지 못할 것이라는 말씀이다(눅 20:42,43). 그리고 주님께서는 『**너희 말대로 내가 그니라.**』(70절)라고 말씀하신다. 그들은 진리를 받아들일 목적으로 이런 저런 질문을 했던 것이 아니다. 그저 주님을 기소하기 위한 혐의거리를 찾고 있었을 뿐이다. 『**그들이 말하기를 "우리가 그 자신의 입에서 나온 말을 들었으니 무슨 증거가 더 필요하리요?"라고 하더라**』(71절). 드디어 혐의가 확보되었으니, 곧 "신성모독"이었다(마 26:65, 막 14:64). 신성모독에 대한 형벌은 사형이다(마 26:66, 막 14:64, cf. 레 24:16).

만일 예수님께서 『하나님**의** 아들 그리스도』(마 26:63)가 아니셨다면, 주님께서는 신성모독의 죄를 범하신 것이다. 하지만 요한복음 10장에서 그들이 『**네가 그리스도이면 우리에게 분명히 말하라.**』(요 10:24)라고 말했을 때, 예수님께서는 자신이 그리스도라는 것에 대한 증거로써 그분께서 "행하신 일들"을 제시하셨다(요 10:25). 요한복음 10:37,38에서는 이렇게 말씀하셨다. 『**만일 내가 나의** 아버지**의 일들을 하지 아니한다면 나를 믿지 말라. 그러나 내가 행한다면 비록 너희가 나를 믿지 않는다 해도 그 일들은 믿으라. 그리하면** 아버지**께서 내 안에 계시며 또 내가 그분 안에 있는 것을 너희가 알게 되고 또 믿게 되리**

라.』 산헤드린은 하나님 아버지께서 그분의 아들에 관하여 주신 증거를 검토해 보지 않는다. 오히려 나사로가 부활한 사건에 대해 그들은 증거를 "**인멸**"하려고 했었다(요 12:10).

■ 새롭게 깨달았거나 적용할 내용이 있다면 적어 보세요. ■

제4과
복습문제

1. 그리스도인들은 사탄으로 채워져 자신의 몸과 마음에 대한 통제권을 마귀에게 내줄 수 없다. (O , X)

2. 로마카톨릭의 미사는 "피 없이 행해지는 희생 제사"로 말씀을 문자적으로 실행하는 성경적인 실행이다. (O , X)

3. 주의 만찬에서 빵과 포도주는 "비유적"이다. (O , X)

4. 예수님께서 하나님 아버지께 옮겨 달라고 하셨던 "잔"은 "십자가의 죽음의 잔"을 의미한다. (O , X)

5. 예수님께서 받으신 재판은 불법적이었다. 재판 자체가 예수 그리스도를 유죄 선고를 받게 만들어 사형에 처하게끔 만들려는 일종의 "인민 재판"으로 그 재판에서 정의란 눈곱만큼도 찾아 볼 수 없었다. (O , X)

■ 새롭게 깨달았거나 적용할 내용이 있다면 적어 보세요. ■

NOTES

NOTES

제5과

“이 사람은 유대인의 왕이라”(23장)

『빌라도가 그에게 물어 말하기를 “네가 유대인의 왕이냐?”고 하니, 주께서 그에게 대답하여 말씀하시기를 “그렇도다.”라고 하시니라』(눅 23:3).

재판정의 정치학

이전 장에서 우리는 예수님께서 대제사장의 관저에서 "종교범"으로 유죄 판결을 받으셨음을 보았다(22:70,71). 그러나 무리가 빌라도 앞으로 주님을 끌고 가서 고소했던 내용은 혹세무민, 탈세, 반란이었다(2절). 그들은 주님을 "정치범"으로 기소했던 것이다. 여기에서 엿보이는 것은 유대인들의 비열함이다. 그들은 이미 "그는 사형에 해당한다."는 정죄를 내려놓았으면서도(막 14:64) 자신들의 손으로 형을 집행하기를 꺼려했다. 혹 유대 사회에 역풍이 일어날까 두려웠던 것이다(마 21:46, 행 5:28 참조). 그들은 "이방인" 빌라도의 손을 빌려 "손 안 대고 코를 풀어" 보겠다는 심산이었다.

그러나 빌라도는 유대의 총독씩이나 되는 인물이었으므로 만만하질 않았다. 그는 이 문제가 본질적으로 정치 문제가 아니라 종교 문제라는 점을 간파하고 있었다. 게다가 그는 이미 유대인들에게 신임을 잃은 바도 있었으므로(13:1) 정치적 리스크를 감내할 만한 상황도 아니었다. 삼십 년쯤 전 아켈라오(마 2:22)도 폭정으로 인하여 폐위되었거니와, 더 이상 정치적으로 상황이 악화되면 중앙 정부에서 청문회를 개최할지도 모를 일이었다. 따라서 그는 어느 쪽으로든 긁어 부스럼을 만들고 싶지 않았다. 그가 "그를 데리고 가서 너희의 율법에 따라 재판하라."(요 18:31)고 이야기했던 것은 바로 이런 맥락에서였다.

보지 못하는 사람들의 안내자요 어두움 속에 있는 자들의 빛임을 자처하는(롬 2:19) 유대인들도, 악을 행하는 자들을 벌하고 선을 행하는 자들을 칭찬하라고 하나님께서 보내신 권세자인 빌라도도, 재판정에서 행해져야 할 정의에는 관심이 없었다는 사실에 의분이 일어나는가? 그것은 올바른 감정이지만, 우리는 이것이야말로 우리 모두의 본성이라는 것을 잊어서는 안 된다. 우리 모두 경건보다 이익을 탐내는 더러운 죄인들이다. 그런 우리들을 구속하시고자 의인이신 주님께서는 이 불의한 재판을 감내하셨던 것이다.

헤롯의 심문

『그런 후에 그가 헤롯의 통치 구역에 속한 줄을 알자마자 당시 예루살렘에 있던 헤롯에게로 그를 보내니라. 헤롯이 예수를 보자 매우 기뻐하더라. 이는 그가 주에 관해서 많은 것을 들었기 때문에 오랫동안 주를 보기 원하였으며, 또 주께서 행하신 어떤 기적을 보고자 하였기 때문이라. 그가 많은 말로 주께 묻되, 주께서는 아무 대답도 아니하시더라... 빌라도와 헤롯이 전에는 서로 적대관계였는데 그 날은 서로 친구가 되니라』(7.8,9,12절).

빌라도가 이 재판에서 발을 빼기 위해 맨 처음 시도했던 것은 앞서 이야기했던 것처럼 "종교 문제는 너희가 알아서 해결하라."면서 기소를 아예 받지 않으려는 것이었다. 그러나 유대인들이 "우리가 누구를 사형에 처하는 것은 적법하지 못하나이다."(요 18:31)라면서 버티자, 빌라도가 다음으로 시도했던 것은 관할 구역을 핑계로 헤롯에게 책임을 떠넘기는 것이었다. 덧붙이자면, 이 장면은 누가복음에만 나온다.

유대인들의 말은 거짓이었다. 그들은 이미 주님을 죽일 심산으로 돌을 집어들었던 적도 많았고, 불과 몇 년 후에는 스테판을 돌로 쳐서 죽여 버리기 때문이다. 이러한 유대인들의 거짓과 위선은 물론 추악한 죄였지만, 우리는 하나님께서 그것들을 사용해서 성경을 이루셨다는 사실 또한 짚고 가지 않을 수 없다. 『**이는 예수의 말씀, 즉 주께서 어떤 죽음으로 죽으실 것인지 예시로 말씀하신 것이 이루어지게 함이더라**』(요 18:32).

만일 주님께서 돌에 맞아 죽으셨다면 『**주께서 그의 모든 뼈를 간수하사, 그 중에 하나도 부러지지 않게 하시는도다.**』(시 34:20)라는 예언은 불발되고 말았을 터다. 이 예언은 주님께서 유대인들이 아니라 로마인들의 손에 의해 형벌을 받으실 때에만 성취될 수 있었던 것이다. 하나님께서는 악인들이 악을 계획할지라도 그것을 선으로 계획하시어(창 50:20) 궁극적으로 모든 일이 합력하여 선을 이루도록 하실 수 있는 분이시다(롬 8:28). 따라서 우리는 악한 계책을 성사시키는 사람이 있다고 해도 그로 인하여 초조해 할 필요가 없는 것이다(시 37:7).

헤롯은 주님의 죄를 심문하는 것에는 관심이 없었다. 헤롯이 선임 제사장들과 서기관들의 맹렬한 고소에 대해 반응도 보이지 않았고, 어떤 판결도 내리지 않은 채로 주님을 다시 돌려보냈던 것을 보면 분명해진다. 헤롯은 다만 들떠 있을 뿐이었다. 그는 주님께서 행하신 일들을 듣고는 "침례인 요한이 죽은 자들로부터 살아났으므로, 그의 안에서 능력 있는 일들이 나타나는 것이라."(막 6:14)고 여겼다. 그래서 정말로 그가 다시 살아난 것인지, 또 만일 그렇다면 부활을 계기로 얻게 된 능력은 어떤 것인지 알아볼 생각만이 가득했던 것이었다.

그러나 주님께서는 그에게 한 마디도 대꾸하지 않으셨다. 그가 진리를 듣고서도 행하지 않을 것을 아셨기 때문이었다. 헤롯은 요한을 의롭고 거룩한 사람으로 알고 두려워하며, 그를 주목하였고, 또 그의 말을 듣고서 많은 일을 하였으며 기쁘게 들었기에(막 6:20), 본래 요한을 죽일 생각이 없었다. 그러나 결과적으로 헤롯은 자신의 위신이 걸린 문제에 직면하자 요한을 참수하고 말았다. 주님께서는 진리를 실행할 용의가 없음이 이미 입증된 그와 같은 사람들에게는 아무런 대답도 하지 않으시는 것이다(삼상 28:6).

빌라도의 "묘안"과 "타협안"

『빌라도가 선임 제사장들과 관원들과 백성을 모두 불러 그들에게 말하기를 "너희는 이 사람이 백성을 현혹한 자라 하여 내게 데려왔도다. 보라, 내가 그를 너희 앞에서 심문하였으나 너희가 고소한 일에 대하여 나는 이 사람에게서 아무 잘못을 찾지 못하였고 헤롯 역시 잘못을 찾지 못하였으니, 이는 내가 너희를 그에게로 보냈음이라. 보라, 그가 사형을 당할 만한 일을 행한 것이 없노라. 그러므로 나는 그를 매질한 후 놓아주겠노라."고 하니라. (명절에는 반드시 그들에게 한 사람을 놓아주게 되어 있더라.)』(13-17절)

빌라도는 계속해서 예수님의 무죄를 선언했으면서도(4,14,15,22절) 그분을 방면하지 못했다. 그는 헤롯과 동일한 문제, 곧 "사람을 두려워하는 덫"(잠

29:25)에서 자유롭지 못했던 것이다. 고작 한 사람에 대해 올바른 판단을 내리는 대가로 유대 사회의 종교적 기득권층 전체와 척을 진다는 것은 수지 타산이 맞질 않았다. 그렇다고 그들이 요구하는 대로 하자니, 그것도 꺼림칙했다.

이때에 빌라도는 "그래, 어차피 명절에는 한 사람을 특별 사면해야 하잖아?"라는 생각이 스쳤다. 이 일이 잘 풀리면 예수님이 무죄인지 아닌지에 대해서는 얼버무리면서도, 무사히 그분을 놓아줄 수 있겠다는 판단이 뒤따랐다. 그래서 그는 예수님을 바라바와 함께 제시했다. "설마, 살인자 바라바를 내보내 달라고 하진 않겠지." 필경 빌라도는 이렇게 생각했을 것이다.

그러나 그의 "묘안"은 수포로 돌아가고 말았다. 인간이 가진 "진리를 증오하는 본성"을 과소평가한 것이다. 빌라도의 의도와는 정반대로, 유대인들은 "이 사람을 처단하고 바라바를 우리에게 놓아주소서."라고 소리를 질렀다(18절). "도대체 그가 무슨 악한 일을 행하였느냐?"(22절) 빌라도는 어리둥절했다. 그러나 너무나도 악하지 않다는 게 바로 문제라는 것을 빌라도는 미처 알지 못했다. 빌라도는 진리를 행하지 않는 자들은 빛을 미워하며 오히려 어두움을 더 사랑한다는 것을 깨닫지 못하고 있었던 것이다(요 3:19-21).

당황스러운 여론을 잠재우고자 빌라도가 마지막으로 선택했던 것은 타협이었다. "그래, 너희들이 이 자를 그렇게나 미워한단 말이지. 그렇다면 흠씬 두들겨 패 주마. 그래도 무죄한 사람인데 죽일 수는 없지 않느냐?"라는 것이었다(22절). 그렇게, 주님께서는 채찍질을 당하셨다. 빌라도는 이 정도면 충분하겠다 싶을 정도로 만신창이가 된 그분을 유대인들에게 보이면서 말했다. "이 사람을 보라!"(요 19:5) 그러나 유대인들은 만족할 줄 몰랐다(23절).

"너희가 그를 데려가서 십자가에 못박으라. 나는 그에게서 아무런 잘못도 찾지 못하였노라."(요 19:6) 빌라도는 최소한의 면책이라도 원했다. 그러나 유대인들은 외통수를 뒀다. "당신이 이 사람을 놓아주면 당신은 카이사의 친구가 아니니이다. 자신을 왕이라고 하는 자는 누구나 카이사를 대적하여 말하는 것이니이다."(요 19:12) 결국 "밥줄"을 위협받은 빌라도는 그들의 요구대로 하도록 판결을 내리고 말았다. 돈을 사랑하는 것이 모든 악의 뿌리라는 말씀은 진리가 아닐 수 없다(딤전 6:10).

갈보리 언덕길

『백성의 큰 무리와 주를 위하여 통곡하고 애도하는 여인들이 주를 따라가더라. 예수께서 그들을 돌아보시며 말씀하시기를 "예루살렘의 딸들아, 나를 위하여 울지 말고 너희와 너희 자녀를 위하여 울라. 보라, 그 날이 오면 그들이 말하기를 '잉태할 수 없는 자와 아이를 낳아 본 적이 없는 태와 빨려 본 적이 없는 젖이 복이 있도다.' 하리라. 그때 사람들이 산에게 '우리 위에 무너져 내리라.' 하며, 또 언덕에게 '우리를 덮으라.'고 말하기 시작하리라. 그들이 푸른 나무에 이렇게 행한 것을 보면 마른 나무에는 무슨 일이 일어나겠느냐?"고 하시더라』(27-31절).

주 예수님께서는 이제 십자가를 지고 갈보리로 가는 오르막길을 오르셔야 했다. 그러나 그분의 육체는 십자가를 감당할 수 없을 정도로 망가져 있었다. 로마 병사들이 쿠레네인 시몬이라는 사람을 강제로 붙들어 십자가를 지고 가게 해야 했던 것을 보면 알 수 있다(눅 23:26).

주님께서는 그런 상황에서도 자신이 아니라 예루살렘의 딸들의 처지를 신경 쓰셨다. 이스라엘은 현재 "푸른 나무"의 상태였다. 다윗의 보좌에 앉으실 메시아 왕께서 그들과 함께 계셨으며, 승리의 입성을 하신 그분께 호산나를 외칠 수 있었다(마 21:9). 그러나 이제 그런 "좋은 시절"은 지나가고 말 터였다. 주님께서는 "푸른 나무"의 상태에 있는 이스라엘로부터 메시아 왕을 앗아가는 악행을 일삼은 로마가, 메시아 왕이 사라져 버린 "마른 나무"의 상태에 있는 이스라엘은 얼마나 더 지독하게 다루겠느냐고 말씀하신 것이었다.

실제로 주님께서 승천하신 후 얼마 지나지 않아 로마는 예루살렘 성전을 파괴했고(A.D. 70), 또 그로부터 얼마 지나지 않아 유대인들을 약속의 땅에서 완전히 쫓아냈다(A.D. 135). 로마 제국(정치적 로마)의 멸망 이후에도 로마에 의한 유대인 박해는 계속되었는데, 로마카톨릭(종교적 로마)이 그 바통을 이어받은 것이었다. 로마가 예루살렘의 딸들을 괴롭히는 일은 주님께서 지상에 재림하시기 직전까지 이어진다. 선지자 에스겔은 주님께서 재림하셔서 이스라엘을 회복시키시는 일을 "마른 나무를 무성케 하는 것"으로 설명했다(겔 17:24).

주님께서 예루살렘의 딸들에게 말씀하신 것과 더불어, "갈보리"(33절)라는 단어는 성경 전체를 통틀어 여기에서 딱 한 번 나온다. 그러나 변개된 성서들의 이 부분에는 "갈보리"라는 단어가 없다. 제도권 교회의 교인들은 "갈보리"에 대한 찬송을 수도 없이 부르고 "갈보리의 사랑"에 대해 이야기하지만, 정작 그들의 성경에는 "갈보리"라는 단어가 없는 것이다.

그렇다면 그들은 어떻게 주 예수 그리스도께서 십자가에 달리신 장소가 "갈보리"라는 것을 알고 있는 것일까? 그것은 그들이 존경하노라고 고백하는 믿음의 선진들이 모두 영어 〈킹제임스성경〉을 하나님의 말씀으로 믿었기 때문이다. 그들은 그 믿음의 선진들이 작사한 찬송을 부르고, 그들이 쓴 책을 읽으면서 "갈보리"라는 단어를 접했던 것이다. "갈보리가 없는 성경"을 들고서도 "갈보리 십자가"를 붙들었던 선진들의 믿음을 계승하노라고 자부하는 그들의 모습이란, 참으로 쓴웃음을 자아내게 한다.

용서의 말씀과 회심한 행악자

『그때 예수께서 말씀하시기를 "아버지시여, 저들을 용서해 주옵소서. 그들은 자기들이 하는 것을 알지 못하나이다."라고 하시더라. 그리고 그들은 주의 옷을 나누고 제비를 뽑더라… 그때 매달린 행악자 중의 하나가 주를 욕하며 말하기를 "네가 그리스도이거든 네 자신과 우리를 구원하라."고 하니라. 그러나 다른 행악자가 되받아 그를 꾸짖어 말하기를 "네가 동일한 정죄함을 받고 있으면서도 하나님을 두려워하지 아니하느냐? 우리는 행한 일에 대한 보응을 받는 것이 참으로 당연하지만, 이분은 아무 잘못을 행한 것이 없도다."라고 하고 예수께 말씀드리기를 "주여, 주께서 주의 왕국에 임하실 때 나를 기억하소서."라고 하니 예수께서 그에게 말씀하시기를 "진실로 내가 너에게 말하노니, 오늘 네가 나와 함께 낙원에 있으리라."고 하시니라』(34,40,41,42,43절).

사람들이 흔히 "가상칠언"(架上七言)이라고 일컫는, 주님께서 십자가 위에서 하신 일곱 가지 말씀들이 있다. 정리하자면 다음과 같은데, 그 가운데 셋은 누가복음에만 나오는 말씀들이다. ① 아버지시여, 저들을 용서해 주옵소서. 그들은 자기들이 하는 것을 알지 못하나이다."(34절) ② "여인이여, 당신의 아들을 보소서!… 네 어머니를 보라!"(요 19:26,27) ③ "진실로 내가 너에게 말하노니, 오늘 네가 나와 함께 낙원에 있으리라."(43절) ④ "목마르다."(요 19:28) ⑤ "나의 하나님, 나의 하나님, 어찌하여 나를 버리셨나이까?"(마 27:46) ⑥ "다 이루었다."(요 19:30) ⑦ "아버지시여, 내 영을 아버지의 손에 의탁하나이다."(46절)

특별히 여기 누가복음 23장의 34절과 43절의 말씀으로부터, 우리는 인자로 오신 주님께서는 십자가에 달리셔서도 "사람들"의 혼의 구원에 대해 진심으로 염려하셨음을 읽어볼 수 있다. 세상 사람들은 잘 이해하지 못할지 모르겠으나, 주님을 따르는 그리스도인들도 종종 죽어가는 순간에도 "복수"보다는 그들이 지옥에 가지 않기를 바라는 마음을 드러낸다(행 7:60). 사실, 자신이 누릴 안식과 그들이 받게 될 영원한 고통을 진정으로 믿는다면 그럴 수밖에는 없다.

주님께서 34절에서 하셨던 기도는 응답되었다. 예수님을 십자가에 못박은 사람들에게는 이런 말씀이 선포되었던 것을 기억하는가? 『**베드로가 그들에게 답변하기를 "회개하라. 그리고 죄들을 사함받은 것으로 인하여 너희 각자는 예수 그리스도의 이름으로 침례를 받으라. 그리하면 너희가 성령의 선물을 받으리라**』(행 2:38). 유대인들은 자신들이 십자가에 못박고 있는 분이 육신으로 나타나신 하나님이시라는 사실을 알지 못했다(고전 2:7,8). 주님께서는 그 사실을 근거로 유대인들에게 한 번의 기회를 더 주실 것을 요청 드렸고, 그 결과 유대인들은 스테판을 죽임으로써 천국이 완전히 연기되기 전까지 한 번의 기회를 더 얻을 수 있었던 것이다.

한편, 주님과 함께 십자가에 매달렸던 행악자 가운데 하나는 이분이 정말로 구약 성경에 예언된 메시아시라는 사실을 불현듯 깨달았다. 처음에는 그도 다른 행악자와 함께 "그가 이스라엘의 왕이면 지금 그 십자가에서 내려와 보라고 하라. 그러면 우리가 그를 믿으리라."(마 27:42)는 식으로 예수님을 비난했다. 그러나 십자가 위에 달리신 주님의 언행을 보면서, 또 "이 사람은 유대인의 왕 나사렛 예수라."고 쓰인 명패를 보면서 그는 마음을 고쳐먹었던 것이다.

그 행악자는 주님을 욕하는 다른 행악자를 꾸짖으면서, 이분은 우리 죄인들과는 달리 아무 죄도 없는데 죽으시는 분이라고 고백했다. 그리고는 주님께 왕국에 임하실 때 자신을 기억해 주실 것을 요청 드렸다. 그렇게 함으로써 그는 더 이상 어떤 선한 행위도 할 수 없이, 죽음만을 기다리던 그 마지막 순간에 극적으로 구원을 받을 수 있었던 것이다.

이 행악자가 받은 "값없는" 구원은 현 교회 시대의 구원을 보여 주는 훌륭한 그림이다(롬 3:24, 엡 2:8,9). 그러나 우리는 교리적으로 볼 때 이 행악자의 믿음이 우리가 구원받았을 때의 그것과는 다르다는 점에도 주의할 줄 알아야 한다. 아직 주님께서 부활하시지 않은 이 시점에는 "하나님의 은혜의 복음"이라는 것이 존재하지 않았다(고전 15:2-4 참조).

십자가 위에서 행악자는 이 "나사렛 예수"가 유대인의 왕으로 오신 "메시아"요 "주"시라는 사실까지는 믿었을지언정, 인류의 죄를 대속하는 하나님의 어린양이라는 사실은 알지 못했다. 그래서 그는 "주여, 지옥에 갈 저를 구원해 주소서."나, "주여, 저를 죄들로부터 깨끗하게 해 주소서."라고 요청하지 않고, "주여, 주께서 주의 왕국에 임하실 때 나를 기억하소서."라고 요청했던 것이다. 요컨대 이 행악자는 "메시아의 통치"를 믿음으로써 구원받은 것이었다.

행악자가 숨을 거둔 뒤 그를 맞이한 장소도 오늘날의 잠든 성도들을 맞이하는 장소와는 달랐다. 주님께서는 행악자가 그날 주님과 함께 낙원에 있을 것임을 말씀하셨는데, 이때 말씀하신 낙원이란 지하 세계에 있는 아브라함의 품을 지칭하는 것이었음에 틀림없다(16:22). 주님께서는 사흘 낮과 사흘 밤을 땅의 심장 속에 계셔야 했기 때문이다(마 12:40). 이 구원받은 행악자는 교회 시대의 성도들처럼 사후에 곧바로 하늘나라에(딤후 4:18) 갈 수가 없었다. 주님께서 아브라함의 품에 있던 구약 성도들을 사로잡아 하늘로 올라가셨을 때에야(엡 4:8), 비로소 이 행악자는 하늘나라를 맛볼 수 있게 되었던 것이다.

예수님께서 숨을 거두시고 난 뒤, 공회원이었던 두 사람이 등장한다. 아리마대 요셉은 세마포를 가져와 시체를 쌌고, (본래는 자신을 위해 만든 것이었던) 빈 무덤에 그분을 안치

했다(마 27:59,60). 니고데모는 몰약과 알로에 섞은 것 약 일백 리트라를 가지고 왔다(요 19:39). 그들은 산헤드린의 결의와 실행에 동의하지 않았던 사람들이었다(51절). 그들은 유대인들이 두려워 공개적으로 주님을 따르지 못했었지만, 이 순간만큼은 용기를 냈던 것이다.

장례는 간소하게 처리될 수밖에 없었다. 다음 날이 안식일인 탓이었다(레 23:5-7, 요 19:31). 그래서 갈릴리에서 주와 함께 온 여인들은 돌아가서 향료와 향유를 준비했으되 안식일을 맞아 쉬어야 했다(56절). 그 이후에도 그들에게는 기회가 주어지지 않았다. 그들이 그 뒤로 본 것은 "빈 무덤"이었기 때문이다. 이처럼 때로 준비가 되어 있지 않아 마음은 있으되 주님을 섬길 기회를 얻지 못하는 경우가 성도들에게는 종종 있다.

현명한 여인이었던 베다니의 마리아의 처신은 이 대목에서 더욱 빛을 발한다. 그녀는 예수님을 장사지내려고 "미리" 와서(막 14:8) 감송향유 한 리트라를 부었다. 주님께서는 그분의 죽으심에 대해 여러 차례 말씀하셨기 때문에(9:22; 18:33), 누구나 그 말씀에 유의했다면 마리아처럼 할 수 있었다. 주님을 위해 무엇인가를 하기 원한다면, 마리아처럼 그분의 말씀에 유의하면서 항상 대비하고 있어야지(딤후 4:2), 일이 터진 뒤에 무엇을 해보겠다는 식으로 살아서는 안 되는 것이다.

■ 새롭게 깨달았거나 적용할 내용이 있다면 적어 보세요. ■

제5과
복습문제

1. 빌라도에게 간 유대인들은 처음부터 예수님을 "신성 모독" 혐의로 고소했다. (O , X)

2. 빌라도는 헤롯과 적대 관계였기에 예수님에 대한 헤롯의 관할권을 인정하기 싫어했다. (O , X)

3. 유대인들이 예수님이 아니라 바라바를 놓아달라고 했던 것은, 진리를 미워하는 인간의 악한 본성을 보여 주는 것이다. (O , X)

4. 『그의 위에는 헬라어와 라틴어와 히브리어로 '**이 사람은 유대인의 (　　)이라.**'고 쓴 명패도 있더라』(38절).

5. 십자가에서 극적으로 회심한 한 행악자는, 오늘날 성도들이 구원받을 때 믿었던 것과 동일한 것을 믿음으로써 구원받았다. (O , X)

■ 새롭게 깨달았거나 적용할 내용이 있다면 적어 보세요. ■

NOTES

제6과
엠마오로 가는 두 제자
(24장)

『그들이 서로 말하기를 "그분이 길에서 우리에게 말씀하시며 성경을 열어 보여 주실 때 우리 마음이 뜨겁지 아니하더냐?"라고 하며 당장 그 시간에 일어나 예루살렘에 돌아와서, 열한 제자들과 그들과 함께 있는 사람들이 다 모여 있는 것을 보자 말하기를 "주께서 참으로 살아나셨고 시몬에게도 나타나셨다."고 하더라.』(눅 24:32-34).

유월절 어린양의 마지막 1주일

<u>예수 그리스도께서 예루살렘에 입성하셨을 때부터 부활하실 때까지의 1주일간의 사건</u>을 간략히 보면, 주의 첫날인 일요일에 예루살렘에 입성하셨고, 다음 날인 월요일에 무화과나무를 저주하시고 성전을 정화하셨다. 전날 저주한 무화과나무가 마른 것을 본 것과 올리브산에서 설교를 하신 것은 화요일이었다. 화요일 밤에는 마지막 만찬을 하시고, 겟세마네에서 기도하셨으며, 그 밤에 잡히셨다. 불법적 재판을 받으신 것은 수요일 새벽이었다. 예수 그리스도께서는 수요일에 십자가에 못박혀 죽으시고, 수요일 저녁에 장사되셨다. 그리고 3일 후인 토요일 저녁에 부활하셨다. 『**갈릴리에서 주와 함께 온 여인들**』(눅 23:55)이 무덤에 간 것(눅 24:1)은 주의 첫날인 일요일 아주 이른 아침이었으며, 엠마오로 가는 제자들에게 나타나신 것은 일요일 낮이었다. 이것을 간략히 표로 보면 다음과 같다.

요 일	사 건
일	예루살렘 입성
월	무화과나무 저주와 성전 정화
화	말라 버린 무화과나무와 올리브산 설교
화 밤	마지막 만찬과 겟세마네의 기도
수 새벽	불법적 재판을 받으시는 예수 그리스도
수	십자가의 고난과 죽음
수 저녁	무덤에 장사 (목요일이 시작하는 저녁)
토 저녁	예수 그리스도의 부활 (일요일이 시작하는 저녁)
일 아침	여인들이 무덤이 빈 것을 발견하고 두 천사를 만남
일 낮	엠마오로 가는 제자들에게 나타나심

예수 그리스도의 부활

『그 주의 첫날 아주 이른 아침에 그들이 준비한 향료를 가지고 무덤에 왔는데 다른 사람들도 그들과 함께 있더라. 그들이 돌이 무덤에서 굴려 옮겨진 것을 보고 들어가 보니 주 예수의 시체가 보이지 아니하므로 그들이 매우 당황해 하고 있을 때, 보라, 두 사람이 빛나는 옷을 입고 그들 곁에 서 있더라. 그들이 무서워서 땅에 엎드려 있을 때에, 두 사람이 말하기를 "어찌하여 너희는 살아 계신 분을 죽은 자들 가운데서 찾느냐? 그분은 여기에 계시지 않고 살아나셨느니라. 주께서 갈릴리에 계셨을 때에 너희에게 어떻게 말씀하셨나 기억하라. 말씀하시기를 '인자가 죄인들의 손에 넘겨져야 하겠고, 십자가에 못박혀야 하며 셋째 날에 다시 살아나야만 하리라.'고 하셨느니라."고 하더라』(1-7절).

예수 그리스도께서는 죽으시기 이전에 "**다시 살아나실 것**"을 여러 번 말씀하셨고, "**삼일 후에 다시 살아나실 것**"도 명백히 말씀해 주셨다(마 20:19, 막 8:31, 10:34, 눅 9:22; 18:33). 하물며 선임 제사장들과 바리새인들도 이 사실을 알고 있었다(마 27:63). 그러나 가장 가까이 있던 제자들조차도 이 사실에 주목하지 않았으며, 예수 그리스도께서 죽으신 후에도 3일을 계산하며 부활을 기다리지도 않았다. 여기서 우리는 『**믿음은 들음에서**』 나온다(롬 10:17)는 사실을 알고 있음에도 불구하고, 동시에 "**듣는 것**"과 "**믿는 것**" 사이에 존재하는 큰 괴리를 알 수 있다. 많은 그리스도인들이 설교를 "**듣기 위해**" 와 있지만, "**믿기 위해**" 노력하고는 있지 않다는 것이다. 만약 제자들이 듣고 믿었다면, 3일을 계산하며 예수 그리스도의 부활을 기다렸을 것이기 때문이다. 그런데 그들은 무덤이 빈 것을 『**하찮게**』 여기고(11절), 『**이상하게 생각**』했다(12절).

예수 그리스도의 부활은 기독교의 핵심이고, 구원과 믿음의 근간이기 때문에, 많은 불신자들이 어떻게든 부활을 부인해 보고자 오랫동안 노력해 왔다. "제자들이 예수 그리스도의 시체를 훔치고 부활하셨다고 거짓말을 한 것"이라고 주장하는 사람들은 부활 당시에도 있었고, "실수로 다른 무덤을 본 것"이라고 주장하는 사람들, "제자들이 환영을 본 것"이라고 주장하는 사람들, "예수 그리스도께서 십자가에서 죽으신 것이 아니라 잠시 기절했던 것"이라고 주장하는 사람들, "예수 그리스도의 몸이 살아난 것이 아니라, 영이 살아난 것"이라고 주장하는 사람들 등 많은 사람들이 있어 왔다. 그러나 무덤이 비었다는 소식을 듣고도 믿지 않은 제자들이 시체를 훔쳤을 것이라는 주장은 가치가 없다. 또한 여인들이 무덤을 잘못 찾았다는 주장은 경비병들도 잘못된 무덤을 지키고 있었다는 주장이 되어 무의미하다(마 28:4,11,15). 환영이나 영을 본 것이라는 주장도 직접 손과 발을 보여 주시고 음식을 잡수셨다는 기록(눅 24:39-43) 앞에서는 의미 없는 주장이다. 마지막으로 십자가 위에서 물과 피를 다 흘리고 사망 진단을 받은 사람이 죽지 않고 있다가 무덤에서 기력을 회복했다는 것은 애초에 의학적으로 불가능하다. 그런 상태에 있는 사람이 3일간 무덤에 방치되면 죽게 된다. 하물며 죽은 예수 그리스도께 부은 향료는 방부제로 작용하는 독성이 강한 물질이라 더욱 치명적이었을 것이다. 부활을 부인하는 주장들은 모두 터무니없는 주장이라는 사실을 알아야 한다.

부활의 소식을 전한 여인들과 제자들의 불신

『그들이 주의 말씀을 기억하고 무덤에서 돌아와 이 모든 일을 열한 명과 나머지 모든 사람들에게 전하더라. 이런 일

을 사도들에게 전한 것은 막달라 마리아와, 요안나와, 야고보의 모친 마리아와, 또 그들과 함께한 다른 여인들이었더라. 그들의 말이 사도들에게는 하찮은 이야기로 여겨져서 그들을 믿지 아니하였더라. 그때 베드로가 일어나 무덤으로 달려가서 몸을 구부리고 보니 그 세마포 옷들이 따로 놓여 있는지라, 그가 일어난 일들을 이상하게 생각하며 떠나니라』(8-12절).

천사들이 『**인자가 죄인들의 손에 넘겨져야 하겠고, 십자가에 못박혀야 하며 셋째 날에 다시 살아나야만 하리라.**』라고 말씀하셨던 것을 기억하라고 했을 때, 여인들은 『**주의 말씀을 기억**』했다고 성경은 기록하고 있다. 그들은 천사들의 말을 듣고 그 말씀을 기억해 낸 것이다. 그러나 여인들이 돌아와 천사들이 『**셋째 날에 다시 살아나야만 하리라.**』라고 말씀하셨던 것을 기억하라고 말한 것을 포함하여 『**이 모든 일**』을 제자들에게 말했을 때, 제자들은 여인들의 이야기를 『**하찮은 이야기**』로 여겼다.

다른 복음서와 연결하여 이 부분을 자세히 보면, 처음으로 온 막달라 마리아는 달려와서 『**사람들이 주를 무덤에서 가져갔는데 우리는 그들이 어디에다 주를 모셔 두었는지 모르겠노라.**』라고 말했다(요 20:2). 그런 후 다른 여인들이 와서 천사들이 나타나서 『**인자가 죄인들의 손에 넘겨져야 하겠고, 십자가에 못박혀야 하며 셋째 날에 다시 살아나야만 하리라.**』라는 주의 말씀을 기억하라고 했다는 말을 전했다(9,10절). 베드로가 무덤에 도착할 때는 어떤 천사도 보지 못했다(12절). 그래서 자연스레 그 여인들은 너무 슬픈 나머지 거짓말을 했거나 환각에 빠졌던 것이라고 추정하게 된다. 누가복음 9:22에서 예수님께서 그들에게 하셨던 말씀과 여인들의 증언에도 불구하고, 성경은 제자들이 『**믿지 아니하였더라.**』라고 기록하고 있다. 그리고 성경은 그들이 믿지 않은 이유를 『그

들이 주께서 죽은 자들로부터 다시 살아나셔야 한다는 성경을 알지 못하였기 때문』이라고 설명하고 있다(요 20:9).

엠마오로 가는 제자들에게 나타나신 예수 그리스도

『그런데, 보라, 제자들 중 두 사람이 같은 날 예루살렘에서 육십 스타디온쯤 되는 엠마오라 하는 마을로 가면서 일어났던 이런 모든 일에 관하여 이야기하더라. 그들이 서로 이야기하고 의논할 때에 예수께서 친히 가까이 다가오셔서 그들과 동행하시나 그들의 눈은 가려져서 주를 알아보지 못하더라. 그때 주께서 그들에게 말씀하시기를 "너희들이 걸으면서 슬픔에 잠겨 서로 주고 받은 이 말들이 무엇을 말하는 것이냐?" 고 하시니 그 중 클레오파라고 하는 사람이 대답하여 그에게 말하기를 "예루살렘에 머물면서 근래에 일어났던 일을 당신 혼자만이 알지 못하시나이까?" 라고 하더라』(13-18절).

『**제자들 중 두 사람**』은 『**예루살렘**』에서 『**육십 스타디온쯤**』(약 12km) 떨어진 『**엠마오**』로 가고 있었다(13절). 보통 성인 남성의 걷기 속도는 시간당 4-5km로 보고 있으나, 그들은 『**슬픔에 잠겨**』(17절) 걸으면서 대화를 나누고 있었고, 예수님께서 『**성경을 열어**』(32절) 보여 주시기도 했으므로, 시간당 약 3km 정도로 걸었다고 볼 수 있다. 그렇다면 엠마오에 도착하는 데 4시간 정도 걸렸을 것이다. 4시간 정도 걸어서 그들이 엠마오에 도착했을 때, 『**저녁이 되고 날이 저물었으니 우리와 함께 머무소서.**』라고 말한 것으로 보아, 그들은 낮 2-3시에 출발하여, 저녁 6-7시 경에 도착한 것이다.

예수님께서는 그들에게 『**너희들이 걸으면서 슬픔에 잠겨 서로 주고 받은 이 말들이 무엇을 말하는 것이냐?**』라고 물으셨다. 그들은 『**나사렛** 예수**에 관한 일인데... 게다가 우리 가운데 어떤 여인들이 우리를 놀라게 하였는데, 그것은 그들이 일찍 무덤에 가 보았으나 그의 시체를 보지 못하고 그들이 돌아와서 말하기를 그가 살아 있다고 말하는 천사들의 환상을 보았다는 것이니이다. 또 우리와 같이 있던 사람들 가운데 몇 사람이 무덤에 갔으나 여자들이 말한 그대로인 것만 보고 그분을 보지 못하였나이다.**』(19,22-24절)라고 대답했다. 그러자 예수님께서 『**오 어리석은 자들아, 선지자들이 말한 모든 것을 마음에 더디 믿는 자들아, 그리스도가 이러한 고난을 당하고서 그의 영광에 들어가는 것이 당연하지 않느냐?**』(25,26절)라고 말씀하시며, 『**모세와 모든 선지자들로부터 시작하여 자신에 관하여 모든 성경에 있는 것들을 그들에게 설명**』(27절)해 주셨다. 26절은 구약에 나타나는 "<u>두 메시아</u>"의 문제를 해결해 주는데, 곧 『**그리스도의 고난**』이 먼저이고, 그 다음이 『**다가올 영광**』인 것이다(벧전 1:11). 요셉은 주님께서 그를 이집트의 총리로 승격시켜 주시기 전에 노예와 감금 생활로 고난을 겪어야 했다. 다윗은 그가 이스라엘을 다스리는 왕으로 통치할 수 있기 전에 사울로부터 도망쳐서 망명 생활을 해야만 했다. 그리스도인들도 예수 그리스도와 함께 고난에 동참한 후에 영광도 받게 된다(롬 8:17).

제자들은 저녁 식사를 함께 할 때 눈이 열려 예수 그리스도를 알아보았고, 그때 예수님은 그들의 시야에서 사라지셨다. 그들은 『**그분이 길에서 우리에게 말씀하시며 성경을 열어 보여 주실 때 우리 마음이 뜨겁지 아니하더냐?**』(32절)라고 서로 말하고는 『**당장 그 시간에 일어나**』 예루살렘으로 돌아간다. 그리고 『**열한 제자들과 그들과 함께 있는 사람들**』에게 『**주께서 참으로 살아나셨고 시몬에게도 나타나셨다.**』라고 말하고 그들에게 상황을 설명한다.

『**성경을 열어 보여 주실 때 우리 마음이 뜨겁지**[heart burn] **아니하더냐?**』(32절) 하나님의 말씀을 상징하는 것들 가운데 하나가 바로 '불'이다(렘 23:29).

주님께서는 예레미야에게 『**내가 네 입에 있는 내 말들을 불로 만들고**』(렘 5:14)라고 말씀하셨다. 예레미야가 더 이상 전파하지 않겠노라고 다짐했을 때, 그 말씀은 그의 마음속에서 타는 불과 같이 되어서 그가 그것을 더 이상 견딜 수 없도록 만들었던 것이다(렘 20:9).

예루살렘에 있는 제자들을 깨닫게 하신 예수 그리스도

『그들이 이 말을 하고 있는데, 예수께서 친히 그들 가운데 서서 그들에게 말씀하시기를 "너희에게 평강이 있을지어다." 라고 하시더라… 또 그들에게 말씀하시기를 "이런 것이 내가 너희와 함께 있을 때 말했던 바 모세의 율법과 선지서들과 시편에 나에 관하여 기록된 모든 것이 이루어져야 한다던 그 말이니라."고 하시고 그때 그들의 지각을 열어 성경을 깨닫게 하시더라』(36,44,45절).

예수 그리스도께서 예루살렘에 있는 제자들에게 나타나셨을 때, 그 제자들은 『**놀라고 무서워서 어떤 영을 보고 있다고 생각**』(37절)했다. 예수님께서는 그들에게 『**어찌하여 너희는 불안해 하며, 어찌하여 너희 마음에 의심이 생기느냐?**』(38절)라고 말씀하셨다. 예수님을 만났다는 말을 듣고도, 직접 나타나신 예수님을 보고도 믿지 못하는 그들에게 손과 발을 보여 주시고(40절) 음식을 먹는 모습도 보여 주셨다(43절). 그리고 『**이런 것이 내가 너희와 함께 있을 때 말했던 바 모세의 율법과 선지서들과 시편에 나에 관하여 기록된 모든 것이 이루어져야 한다던 그 말이니라.**』라고 말씀하시고 『**그때 그들의 지각을 열어 성경을 깨닫게**』 하셨다.

이 부분은 성경 그 자체와 관련하여 가장 중요한 두 구절로서, 구약의 범주가 어디이고, 성경을 해석해 주시는 분이 누구인지를 보여 주는 결정적인 진술이다. 누가복음에는 구약의 정경에 관한 두 개의 결정적인 구절이 있는데, 누가복음 11:51과 여기 24:44이다.

누가복음 11:51에서는 『**아벨의 피로부터 제단과 성전 사이에서 죽은 사가랴의 피까지라.**』라고 말씀하는데, 그것은 창세기 4장과 역대기하 24장을 가리키고 있다. 히브리어 구약성경의 배열 방식은 창세기에서 시작해서 역대기하로 끝이 난다. 물론 히브리어 구약성경도 〈킹제임스성경〉에서 발견되는 39권의 책들을 모두 담고 있지만 배열 순서가 다르게 배열되어 있다. 그 책들은 예수님께서 여기 본문 44절에서 열거하신 대로 세 그룹으로 나뉘는데, 『**모세의 율법**』과 『**선지서들**』과 『**시편**』인 것이다.

『**모세의 율법**』는 구약의 처음 다섯 권의 책들로서 창세기에서 신명기까지가 여기에 해당한다.

『**선지서들**』에는 여호수아, 재판관기, 사무엘상하, 열왕기상하, 이사야, 예레미야, 에스겔, 열두 권의 소선지서가 포함되는데, 이 소선지서들은 모두 하나의 두루마리로 되어 있기 때문에 한 권의 책으로 간주된다. 그런 이유로 히브리어 구약성경의 책들의 수를 세 보면 39권이 아닌 22권이 된다. 때로는 24권으로 총수를 계산하는 경우가 있는데, 이는 룻기를 재판관기에, 예레미야 애가를 예레미야에 첨부된 책으로 볼 것인지 아닌지에 따라 달라진다.

『**시편**』은 시편, 잠언, 욥기, 솔로몬의 노래, 룻기, 예레미야 애가, 에스더, 전도서, 다니엘, 에스라와 느헤미야(때때로 이 두 권의 책은 한 권의 책으로 묶이기도 함), 역대기상하를 포함하고 있다.

『**그때 그들의 지각을 열어 성경을 깨닫게 하시더라**』(45절). 만일 예수 그리스도께서 친히 사도들의 지각을 열어 주지 않으셨다면, 그들은 결코 성경에 대하여 아무것도 깨닫지 못했을 것이다. 지금 이 시대에는 하나님의 거룩한 영께서 믿는 성도들의 마음에 내주하시어 성경과 성경을 비교해 주심으로써 우리를 『**모든 진리로 인도**』하시고 이끄신다(고전 2:13, 요 16:13). 성경의 "저자"만이 유일하게 무오한 해석자이신 것이다(벧후 1:21).

복음 전파를 위임하시고 승천하신 예수 그리스도

『또 그들에게 말씀하시기를 "그리스도가 고난을 당하는 것과 죽은 자들로부터 셋째 날에 살아나는 것이 기록되었으며, 또 그렇게 되어야 마땅하니라. 예루살렘에서 시작하여 모든 민족 가운데 그의 이름으로 회개와 죄사함이 선포되어야 하리라. 너희가 이런 일의 증인이니라. 보라, 내가 나의 아버지께서 약속하신 것을 너희 위에 보내노라. 그러나 높은 곳으로부터 능력을 입을 때까지 예루살렘 도성에서 기다리라."고 하시더라... 주께서 그들에게 축복하실 때 그들에게서 떠나 하늘로 올라가시니라』(45-49,51절).

47-49절은 예수 그리스도께서 제자들에게 복음 전파의 사역을 위임하시는 내용이다. 사도행전 1:8에서도 『**그러나 성령께서 너희에게 임하시면 너희가 능력을 받으리니 그러면 예루살렘과 온 유대와 사마리아와 땅 끝까지 이르러 내게 증인이 되리라.**』라고 제시하고 계신다. 누가가 기록한 또 하나의 성경인 사도행전은 사도들이 어떻게 누가복음 24:47-49과 사도행전 1:8의 사명을 실행했는가에 대한 내용이다. 그들은 사도행전 2장에서 예루살렘에서 시작하여, 사도행전 8장에서는 유대와 사마리아로 가고, 사도행전 13-28장에서는 사도 바울과 함께 결국 이방 민족들에게로 가게 된다. 바울은 『**하나님께 대한 회개와**

우리 주 예수 그리스도에 대한 믿음』을 이방인들에게 전파했고(행 20:21), 예수 그리스도를 통한 『**죄들의 사함**』을 선포했다(행 13:38).

여기 누가복음의 본문에 제시된 것처럼, 위대한 사명의 메시지는 바울이 전파한 바로 그 복음이다. 곧 『**성경대로**[45,46절] **그리스도께서 우리의 죄들로 인하여**[47절] **죽으시고**[46절] **장사되셨다가 성경대로 셋째 날에 다시 살아나셔서**[46절]』(고전 15:3,4)에 관한 내용인 것이다.

성경을 깨달은 성도의 자세

『그때 그들의 지각을 열어 성경을 깨닫게 하시더라... 그들이 주를 경배하고 기쁨이 충만하여 예루살렘으로 돌아와 계속 성전에 있으면서 **하나님을 찬양하고 송축하더라. 아멘**』(45,52,53절). 예수 그리스도의 제자들이 성경을 깨달은 후에 한 일은 『**주를 경배하고 기쁨이 충만하여 ... 하나님을 찬양하고 송축**』한 것이다. 이것이 성경을 깨달은 그리스도인들이 해야 할 일이다. 『**주를 경배**』해야 하고, 주님께서 명령하신 장소(『**예루살렘**』)에서 주님께서 명령하신 일(『**기다리라.**』)을 수행하며, 『**하나님을 찬양하고 송축**』하는 것이 바로 성경을 깨달은 그리스도인들이 해야 할 일인 것이다.

■ 새롭게 깨달았거나 적용할 내용이 있다면 적어 보세요. ■

"인자"로 오신 "하나님"

누가복음은 왜 기록되었는가? 누가는 『**우리 가운데서 가장 확실히 믿게 되었던 일들의 실상에 관하여 정연하게 기록하려고 손을 댄 사람이 많았으니... 시초부터 모든 일을 정확하게 알고 있는 나도 데오빌로 각하에게 정연하게 써 보내는 것이 좋을 것 같았노라**』(눅 1:1,3)로 누가복음을 시작한다. 하나님께서 누가에게 『**가장 확실히 믿게 되었던 일들의 실상**』을 정연하게 기록하게 하신 이유는 예수 그리스도께서 "**인자로 오신 하나님**"이심을 분명하게 제시하시기 위함이었으며, 그래서 우리는 누가복음을 통하여 예수 그리스도의 "**인성**"을 분명하게 접할 수 있다.

그러나 우리가 누가복음에 드러난 많은 진리들 중에서 가장 확실히 알아야 할 것은 무엇보다도 예수 그리스도께서 "**하나님**"이시라는 사실이다. 사복음서는 각각의 특성을 가지고 "**왕**"으로서, "**종**"으로서, "**인자**"로서, "**하나님의 아들**"로서의 예수 그리스도를 제시한다. 그러나 예수 그리스도에 관하여 사복음서에서 공통으로 제시하는 것이 무엇이냐고 묻는다면, 그것은 바로 "**예수 그리스도는 하나님이시다.**"라는 것이다.

하나님께서 누가복음의 마지막 부분에 엠마오로 갔다 돌아온 제자들의 이야기를 기록하심으로써, 진리를 깨달은 그리스도인들이 어떠한 자세를 보여야 하는가를 알려 주시고 계신다. 그들은 진리를 깨달았을 때, 『**마음**』이 뜨거워졌고, 『**당장 그 시간에 일어나**』 알려야 할 사람들이 있는 곳으로 갔으며, 그들에게 그 사실을 『**이야기**』했다. 우리도 엠마오로 갔다 돌아온 제자들처럼 뜨거운 마음으로 당장 일어나 이야기하는 그리스도인이 되어야 할 것이다.

제6과
복습문제

1. 『말씀하시기를 '인자가 죄인들의 손에 넘겨져야 하겠고, 십자가에 못박혀야 하며 (　　　　) 날에 다시 살아나야만 하리라.'고 하셨느니라."고 하더라.』 (눅 24:7).

2. 『그러나 우리는 이스라엘을 구속하실 분이 그분이라고 믿고 있었나이다. 이 뿐만 아니라 오늘은 이 일들이 있은 지 (　　　　) 날이니이다.』(눅 24:21).

3. 『그들이 서로 말하기를 "그분이 길에서 우리에게 말씀하시며 성경을 열어 보여 주실 때 우리 마음이 (　　　　) 아니하더냐?"라고 하며』(눅 24:32)

4. 『나의 손과 나의 발을 보라, 바로 나니라. 나를 만지고 보라. 영은 (　　　)과 (　　　)가 없지만 너희가 보는 바와 같이 나는 있느니라."고 하시고』(눅 24:39).

5. 『또 그들에게 말씀하시기를 "이런 것이 내가 너희와 함께 있을 때 말했던 바 (　　　　　　　)과 (　　　　　　　)과 (　　　　)에 나에 관하여 기록된 모든 것이 이루어져야 한다던 그 말이니라."고 하시고』(눅 24:44).

■ 새롭게 깨달았거나 적용할 내용이 있다면 적어 보세요. ■

NOTES

복습 문제 정답

제1과

1. 속히
2. 구원
3. 이방인
4. 복음
5. 권위

제2과

1. O
2. O
3. X
4. X
5. O

제4과

1. X
2. X
3. O
4. X
5. O

제5과

1. X
2. X
3. O
4. 왕
5. X

제6과

1. 셋째
2. 셋째
3. 뜨겁지
4. 살, 뼈
5. 모세의 율법, 선지서들, 시편

<추 천 도 서>

마태복음

피터 S. 럭크만 지음 / 748쪽

35,000원(eBook 24,500원)

마태복음은 교회와 교회 시대를 대상으로 기록된 책이 아니라, 유대인과 왕국을 겨냥하여 기록된 책이다.

요한복음

피터 S. 럭크만 지음 / 708쪽

30,000원(e-Book 21,000원)

본서는 말 그대로 예수 그리스도의 복음을 담고 있는 책으로 교회 시대의 성도들에게 영적 진리를 풍성하게 제공해 주고 있다.

조직신학

피터 S. 럭크만 지음 / 1,040쪽

50,000원

본서는 철저하게 〈킹제임스성경〉에 기반을 두고 하나님께서 정하신 성경적인 해석 방법에 따라 바른 신학을 집대성한 책으로 모든 성경 연구의 기준이 되는 교리서다.

하나님의 나라와 천국

피터 S. 럭크만 지음 / 258쪽

12,000원(eBook 8,400원)

성경의 주제인 왕국에 대해 가장 잘 다루어 놓은 책이다. 천국(Kingdom of Heaven)과 하나님의 나라(Kingdom of God)를 구분하여 정확하게 알려준다.

■ 서울솔로몬학교 성경연수원 ■

『네가 진리의 말씀을 올바로 나누어 자신이 하나님 앞에 부끄럽지 않은 일꾼으로 인정받도록 공부하라』(디모데후서 2:15). 오늘날 하나님께서 원하시는 일꾼이 제대로 길러지지 않는 이유는 성경을 공부하지 않기 때문입니다. 본 연수원은 이 나라 교회들이 복음도 제대로 전하지 않고 성경도 체계적으로 가르치지 않는 것을 보고서 하나님의 유능한 인재를 양성하기 위해 아래의 교육과정을 개설했습니다.

▶ **〈킹제임스성경신학교〉 교수진의 정선된 강의와 수준 높은 성경공부 교재로 성경을 쉽고 정확하게 배울 수 있습니다.**

▶ **본 과정을 모두 이수하면 수료증이 수여되고 〈킹제임스성경신학교〉 2학년으로 편입할 수 있습니다.**

1. 모집 대상 : 성경을 공부하기 원하는 남녀노소
2. 교육 기간 : 1박 2일(합숙 가능, 금요일 오후 7시 입소, 토요일 오후 4시 퇴소), 1일 특강(토요일 오전 10시 입소, 오후 4시 퇴소)
3. 참 가 비 : 8만 원(교재 및 숙식비 포함)
4. 교육 과정

1) 단기 성경연수 과정(1박 2일, 1일 특강)

요한계시록	로마서	마태복음	요한복음	다니엘
사도행전	히브리서	야고보서	베드로전후서	에스겔
갈라디아서	에베소서	빌립보서	골로새서	이사야
고린도전후서	목회서신	창세기	출애굽기	소선지서
데살로니가전후서	여호수아	재판관기	사무엘상하	열왕기상하
성경의 비유들	세대주의	이단연구	적그리스도	이스라엘

2) 주일학교 성경교사 자격증반(1박 2일, 매월 1회 총 12주 과정)

3) 한글킹제임스성경 통독교실(1박 2일)

4) 크리스찬 청소년 리더십 캠프(2박 3일)

5) 크리스찬 청소년 음악 캠프(2박 3일)

※ 각 과정 별로 구령하는 방법을 1시간씩 교육합니다.

www.solomonbtc.org

강화도에 위치한 본 연수원은 동쪽으로는 바다, 서쪽으로는 길상산, 북쪽으로는 호수와 넓은 들이 펼쳐져 있는 최상의 휴식처로서, 등산, 낚시, 트레킹을 할 수 있고, 일천 그루의 잣나무 숲에서 성경을 공부하고 기도하며 쉴 수 있는 최적의 환경입니다. 남녀 생활관에서 합숙이 가능하며, 가족 동반 시 게스트하우스(콘도형 빌라)를 이용할 수 있습니다. 초지대교에서 좌회전 후 4분 거리에 있으며, 지하철 5호선 방화역에서 셔틀 차량이 운행됩니다. 인천광역시 강화군 길상면 장흥로 29-6 / (02) 2665-3743

솔로몬 성경공부 시리즈

누가복음

제4권 유월절 어린양과 새 언약(19-24장)

초판인쇄 2025년 11월 6일
초판발행 2025년 11월 7일
지 은 이 / 편 집 부
발 행 인 / 박 승 용
발 행 처 / 말씀보존학회
출판등록 / 제409-2022-000036호
주 소 / 서울 강서우체국 사서함 제90호
전 화 / (02) 2665 - 3743
팩 스 / (02) 2665 - 3302
인 터 넷 / www.biblemaster.co.kr
판권소유 / 말씀보존학회

잘못된 책은 바꿔 드립니다.

값 10,000 원